O Velho da Horta
Farsa de "Quem Tem Farelos?"
Farsa Chamada "Auto da Índia"

Gil Vicente

TEXTO INTEGRAL

A presente edição segue a de Lello & Irmão Editores, Porto, Portugal, 1965, com algumas adaptações para o português atual e do Brasil.

COLEÇÃO A OBRA-PRIMA DE CADA AUTOR

O Velho da Horta

Farsa de "Quem Tem Farelos?"

Farsa Chamada "Auto da Índia"

Gil Vicente

TEXTO INTEGRAL

MARTIN CLARET

CRÉDITOS

© *Copyright* desta edição: Editora Martin Claret Ltda., 2007

IDEALIZAÇÃO E COORDENAÇÃO
Martin Claret

ASSISTENTE EDITORIAL
Rosana Gilioli Citino

CAPA
Ilustração
Cláudio Gianfardoni

MIOLO
Revisão
Marcos Ribeiro da Silva

Projeto Gráfico
José Duarte T. de Castro

Direção de Arte
José Duarte T. de Castro

Editoração Eletrônica
Editora Martin Claret

Papel
Off-Set, 70g/m²

Impressão e Acabamento
Renovagraf

Editora Martin Claret Ltda. – Rua Alegrete, 62 – Bairro Sumaré
CEP: 01254-010 – São Paulo – SP
Tel.: (11) 3672-8144 – Fax: (11) 3673-7146

www.martinclaret.com.br / editorial@martinclaret.com.br

Agradecemos a todos os nossos amigos e colaboradores — pessoas físicas e jurídicas — que deram as condições para que fosse possível a publicação deste livro.

1ª REIMPRESSÃO – 2011

PALAVRAS DO EDITOR

A história do livro e a coleção "A Obra-Prima de Cada Autor"

MARTIN CLARET

Que é o livro? Para fins estatísticos, na década de 1960, a UNESCO considerou o livro "uma publicação impressa, não periódica, que consta de no mínimo 56 páginas, sem contar as capas".

O livro é um produto industrial.

Mas também é mais do que um simples produto. O primeiro conceito que deveríamos reter é o de que o livro como objeto é o veículo, o suporte de uma informação. O livro é uma das mais revolucionárias invenções do homem.

A *Enciclopédia Abril* (1972), publicada pelo editor e empresário Victor Civita, no verbete "livro" traz concisas e importantes informações sobre a história do livro. A seguir, transcrevemos alguns tópicos desse estudo didático sobre o livro.

O livro na Antiguidade

Antes mesmo que o homem pensasse em utilizar determinados materiais para escrever (como, por exemplo, fibras vegetais e tecidos), as bibliotecas da Antiguidade estavam repletas de textos gravados em tabuinhas de barro cozido. Eram os primeiros "livros", depois progressivamente modificados até chegarem a ser feitos — em grandes tiragens — em papel impresso mecanicamente, proporcionando facilidade de leitura e transporte. Com eles, tornou-se possível, em todas as épocas, transmitir fatos, acontecimentos históricos, descobertas, tratados, códigos ou apenas entretenimento.

Como sua fabricação, a função do livro sofreu enormes modificações dentro das mais diversas sociedades, a ponto de constituir uma mercadoria especial, com técnica, intenção e utilização determinadas. No moderno movimento editorial das chamadas sociedades de consumo, o livro pode ser considerado uma mercadoria cultural, com maior ou menor significado no contexto socioeconômico em que é publicado. Enquanto mercadoria, pode ser comprado, vendido ou trocado. Isso não ocorre, porém, com sua função intrínseca, insubstituível: pode-se dizer que o livro é essencialmente um instrumento cultural de difusão de idéias, transmissão de conceitos, documentação (inclusive fotográfica e iconográfica), entretenimento ou ainda de condensação e acumulação do conhecimento. A palavra escrita venceu o tempo, e o livro conquistou o espaço. Teoricamente, toda a humanidade pode ser atingida por textos que difundem idéias que vão de Sócrates e Horácio a Sartre e McLuhan, de Adolf Hitler a Karl Marx.

Espelho da sociedade

A história do livro confunde-se, em muitos aspectos, com a história da humanidade. Sempre que escolhem frases e temas, e transmitem idéias e conceitos, os escritores estão elegendo o que consideram significativo no momento histórico e cultural que vivem. E, assim, fornecem dados para a análise de sua sociedade. O conteúdo de um livro — aceito, discutido ou refutado socialmente — integra a estrutura intelectual dos grupos sociais.

Nos primeiros tempos, o escritor geralmente vivia em contato direto com seu público, que era formado por uns poucos letrados, já cientes das opiniões, idéias, imaginação e teses do autor, pela própria convivência que tinham com ele. Muitas vezes, mesmo antes de ser redigido o texto, as idéias nele contidas já haviam sido intensamente discutidas pelo escritor e parte de seus leitores. Nessa época, como em várias outras, não se pensava na enorme porcentagem de analfabetos. Até o século XV, o livro servia exclusivamente a uma pequena minoria de sábios e estudiosos que constituíam os círculos intelectuais (confinados aos mosteiros durante o começo da Idade Média) e que tinham acesso às bibliotecas, cheias de manuscritos ricamente ilustrados.

Com o reflorescimento comercial europeu, nos fins do século XIV, burgueses e comerciantes passaram a integrar o mercado livreiro da época. A erudição laicizou-se e o número de escritores aumentou, surgindo também as primeiras obras escritas em línguas que não o latim e o grego (reservadas aos textos clássicos e aos assuntos considerados dignos de atenção). Nos séculos XVI e XVII, surgiram diversas literaturas nacionais, demonstrando, além do florescimento intelectual da época, que a população letrada dos países europeus estava mais capacitada a adquirir obras escritas.

Cultura e comércio

Com o desenvolvimento do sistema de impressão de Gutenberg, a Europa conseguiu dinamizar a fabricação de livros, imprimindo, em cinqüenta anos, cerca de 20 milhões de exemplares para uma população de quase 10 milhões de habitantes, cuja maioria era analfabeta. Para a época, isso significou enorme revolução, demonstrando que a imprensa só se tornou uma realidade diante da necessidade social de ler mais.

Impressos em papel, feitos em cadernos costurados e posteriormente encapados, os livros tornaram-se empreendimento cultural e comercial: os editores passaram logo a se preocupar com melhor apresentação e redução de preços. Tudo isso levou à comercialização do livro. E os livreiros baseavam-se no gosto do público para imprimir, principalmente obras religiosas, novelas, coleções de anedotas, manuais técnicos e receitas.

Mas a porcentagem de leitores não cresceu na mesma proporção que a expansão demográfica mundial. Somente com as modificações socioculturais e econômicas do século XIX — quando o livro começou a ser utilizado também como meio de divulgação dessas modificações e o conhecimento passou a significar uma conquista para o homem, que, segundo se acreditava, poderia ascender socialmente se lesse — houve um relativo aumento no número de leitores, sobretudo na França e na Inglaterra, onde alguns editores passaram a produzir obras completas de autores famosos, a preços baixos. O livro era então interpretado como símbolo de liberdade, conseguida por conquistas culturais. Entretanto, na maioria dos países, não houve nenhuma grande modificação nos índices porcentuais até o fim da Primeira Guerra Mundial (1914/18), quando surgiram as primeiras grandes tiragens de um só livro, principalmente romances, novelas e textos didáticos. O número elevado de cópias, além de baratear o preço da unidade, difundiu ainda mais a literatura. Mesmo assim, a maior parte da população de muitos países continuou distanciada, em parte porque o livro, em si, tinha sido durante muitos séculos considerado objeto raro, atingível somente por um pequeno número de eruditos. A grande massa da população mostrou maior receptividade aos jornais, periódicos e folhetins, mais dinâmicos e atualizados, e acessíveis ao poder aquisitivo da grande maioria. Mas isso não chegou a ameaçar o livro como símbolo cultural de difusão de idéias, como fariam, mais tarde, o rádio, o cinema e a televisão.

O advento das técnicas eletrônicas, o aperfeiçoamento dos métodos fotográficos e a pesquisa de materiais praticamente imperecíveis fazem alguns teóricos da comunicação de massa pensarem em um futuro sem os livros tradicionais (com seu formato quadrado ou retangular, composto de folhas de papel, unidas umas às outras por um dos lados). Seu conteúdo e suas mensagens (racionais ou emocionais) seriam transmitidos por outros meios, como por exemplo microfilmes e fitas gravadas.

A televisão transformaria o mundo todo em uma grande "aldeia" (como afirmou Marshall McLuhan), no momento em que todas as sociedades decretassem sua prioridade em relação aos textos escritos. Mas a palavra escrita dificilmente deixaria de ser considerada uma das mais importantes heranças culturais, entre todos os povos.

Através de toda a sua evolução, o livro sempre pôde ser visto como objeto cultural (manuseável, com forma entendida e interpretada em função de valores plásticos) e símbolo cultural (dotado de conteúdo, entendido e interpretado em função de valores semânticos). As duas maneiras podem fundir-se no pensamento coletivo, como um conjunto orgânico (onde texto e arte se completam, como, por exemplo, em um livro de arte) ou apenas como um conjunto textual (onde a mensagem escrita vem em primeiro lugar — em um livro de matemática, por exemplo).

A mensagem (racional, prática ou emocional) de um livro é sempre intelectual e pode ser revivida a cada momento. O conteúdo, estático em si, dinamiza-se em função da assimilação das palavras pelo leitor, que pode discuti-las, reafirmá-las, negá-las ou transformá-las. Por isso, o livro pode ser considerado instrumento cultural capaz de libertar informação, sons, imagens, sentimentos e idéias através do tempo e do espaço. A quantidade e a qualidade de idéias colocadas em um texto podem ser aceitas por uma sociedade, ou por ela negadas, quando entram em choque com conceitos ou normas culturalmente admitidos.

Nas sociedades modernas, em que a classe média tende a considerar o livro como sinal de *status* e cultura (erudição), os compradores utilizam-no como símbolo mesmo, desvirtuando suas funções ao transformá-lo em livro-objeto. Mas o livro é, antes de tudo, funcional — seu conteúdo é que lhe dá valor (como os livros de ciências, filosofia, religião, artes, história e geografia, que representam cerca de 75% dos títulos publicados anualmente em todo o mundo).

O mundo lê mais

No século XX, o consumo e a produção de livros aumentaram progressivamente. Lançado logo após a Segunda Guerra Mundial (1939/45), quando uma das características principais da edição de um livro eram as capas entreteladas ou cartonadas, o livro de bolso constituiu um grande êxito comercial. As obras — sobretudo *best sellers* publicados algum tempo antes em edições de luxo — passaram a ser impressas em rotativas, como as revistas, e distribuídas nas bancas de jornal. Como as tiragens elevadas permitiam preços muito baixos, essas edições de bolso popularizaram-se e ganharam importância em todo o mundo.

Até 1950, existiam somente livros de bolso destinados a pessoas de baixo poder aquisitivo; a partir de 1955, desenvolveu-se a categoria do livro de bolso "de luxo". As características principais destes últimos eram a abundância de coleções — em 1964 havia mais de duzentas, nos Estados Unidos — e a variedade de títulos, endereçados a um público intelectualmente mais refinado. A essa diversificação das categorias adiciona-se a dos pontos-de-venda, que passaram a abranger, além das bancas de jornal, farmácias, lojas, livrarias, etc. Assim, nos Estados Unidos, o número de títulos publicados em edições de bolso chegou a 35 mil em 1969, representando quase 35% do total dos títulos editados.

Proposta da coleção
"A Obra-Prima de Cada Autor"

"Coleção" é uma palavra há muito tempo dicionarizada e define o conjunto ou reunião de objetos da mesma natureza ou que têm alguma relação entre si. Em um sentido editorial, significa o conjunto não-limitado de obras de autores diversos, publicado por uma mesma editora, sob um título geral indicativo de assunto ou área, para atendimento de segmentos definidos do mercado.

A coleção "A Obra-Prima de Cada Autor" corresponde plenamente à definição acima mencionada. Nosso principal objetivo é oferecer, em formato de bolso, a obra mais importante de cada autor, satisfazendo o leitor que procura qualidade.*

Desde os tempos mais remotos existiram coleções de livros. Em Nínive, em Pérgamo e na Anatólia existiam coleções de obras literárias de grande importância cultural. Mas nenhuma delas superou a célebre biblioteca de Alexandria, incendiada em 48 a.C. pelas legiões de Júlio César, quando estas arrasaram a cidade.

A coleção "A Obra-Prima de Cada Autor" é uma série de livros a ser composta por mais de 400 volumes, em formato de bolso, com preço altamente competitivo, e pode ser encontrada em centenas de pontos-de-venda. O critério de seleção dos títulos foi o já estabelecido pela tradição e pela crítica especializada. Em sua maioria, são obras de ficção e filosofia, embora possa haver textos sobre religião, poesia, política, psicologia e obras de auto-ajuda. Inauguram a coleção quatro textos clássicos: *Dom Casmurro*, de Machado de Assis; *O Príncipe*, de Maquiavel; *Mensagem*, de Fernando Pessoa e *O Lobo do Mar*, de Jack London.

Nossa proposta é fazer uma coleção quantitativamente aberta. A periodicidade é mensal. Editorialmente, sentimo-nos orgulhosos de poder oferecer a coleção "A Obra-Prima de Cada Autor" aos leitores brasileiros. Nós acreditamos na função do livro.

---

* Atendendo a sugestões de leitores, livreiros e professores, a partir de certo número da coleção, começamos a publicar, de alguns autores, outras obras além da sua obra-prima.

ESTUDO CRÍTICO

Gil Vicente — glória literária de Portugal*

CLEONICE BERNARDELLI

Cerca de vinte anos mais velho que Sá de Miranda, Gil Vicente não adere às inovações que este traz, em 1526, da Itália, realizando-as ou tentando realizá-las: o decassílabo italiano, o soneto, a oitava, a canção, etc. Por essa altura, mestre Gil já havia escrito autos durante vinte e quatro anos, fazendo com eles as delícias da corte de D. Manuel e, desde 1521, da de D. João III. Autor consagrado de gêneros e metros medievais — nos quais se iniciara em junho de 1502, representando na câmara da rainha D. Maria (segunda mulher de D. Manuel) o chamado *Monólogo da visitação* ou *do Vaqueiro*, para saudar o nascimento do príncipe recém-nascido, o futuro rei D. João III —, andando pelos sessenta anos de idade, dificilmente iria deixar os processos que plenamente dominava para tentar uma nova experiência. Em sua obra manter-se-á absolutamente fiel aos gêneros dramáticos tradicionais — moralidades, milagres e farsas, e ainda os momos aparatosos, tão usados em Portugal, todos englobados sob a designação geral de autos — e aos metros da medida velha: os versos de arte-menor (redondilha maior e menor) e os de arte-maior (cujo tipo básico é o verso de onze sílabas, com cesura medial). Além disso, não haverá na sua obra nenhuma preocupação com unidade de tempo, lugar, ação, ou mesmo de tom, como se preconizava para o teatro clássico.

---

* Fonte: *Gil Vicente — Autos*, Cleonice Bernadelli, Livraria Agir Editora, Rio de Janeiro, 1974.

Durante trinta e quatro anos de atividade contínua, Gil Vicente escreve quarenta e quatro autos, além de sermões, um monólogo que poderia ter sido incluído entre os autos — o *Pranto de Maria Parda* — e algumas outras produções em verso. É o verso, na verdade, a forma de expressão de mestre Gil, de quem só conhecemos dois breves textos em prosa: o Prólogo em que o autor dirigia suas obras a D. João III e a Carta ao mesmo rei, em que transcreve o sermão que fez aos frades de Santarém, criticando-lhes as pregações por ocasião do tremor da terra de 26/1/1531.

À medida que escrevia e representava suas peças, Gil Vicente deveria ir publicando-as em folhetos de preço acessível a um público mais amplo que o da corte; disso nos dão provas as folhas soltas que chegaram até nós; a do *Auto da barca do inferno* (cerca de 1518), a do *Auto de Inês Pereira*, a de *Dom Duardos*, as do *Pranto de Maria Parda* e de mais três peças que não foram incluídas na *Copilaçám*: o *Auto da festa*, publicado pelo Conde de Sabugosa; e os autos anônimos a que I. S. Révah atribuiu a paternidade vicentina, editando-os em 1949: *Auto de Deus Padre*, *Justiça e Misericórdia* e *Obra da geração humana*. Confrontando o texto da *Barca do inferno* na versão contemporânea do autor e na versão póstuma, notam-se diferenças significativas. Embora, conforme nos diz no Prólogo a que já nos referimos, Gil Vicente tivesse reunido suas obras para publicá-las ("trabalhei a copilaçám delas com muita pena de minha velhice e glória de minha vontade"), não foi senão em 1562 que seu filho Luís Vicente pôde imprimir a *Copilaçám de todas as obras de Gil Vicente*, acrescentando-lhe um prólogo seu, dirigido a D. Sebastião. Com excessiva modéstia, considera Luís as obras do pai inferiores às "doutros poetas antigos e modernos" e diz que as publica para cumprir sua obrigação de filho:

E porque sua tençám era que se empremissem suas obras, escreveu per sua mão e ajuntou em um livro muito grande parte delas, e ajuntara todas se a morte o não consumira. A este livro ajuntei as mais obras que faltavam e de que pude ter notícia.

Estaria Luís Vicente apenas afetando uma modéstia de conveniência, ou julgaria, a uma distância de mais de vinte e cinco anos da última peça vicentina, já dentro de um tempo clássico, que os autos paternos estavam ultrapassados? Daí lhe teria vindo, talvez, dividi-los em cinco livros: primeiro, das obras de devaçám; segundo, das comédias; terceiro, das tragicomédias; quarto, das farsas; quinto, das trovas e cousas meúdas, um livro dos quais — o terceiro — não teria sido usado por Gil Vicente, a julgar pela referência que este faz a suas peças escritas antes de *Dom Duardos*, na carta ao rei D. João III: "Como quiera (excelente Principe e Rey muy poderoso) que las comedias, farsas y moralidades que he compuesto..." Ora, *Dom Duardos* é de 1522 e posterior a duas outras peças que serão incluídas, como esta, entre as tragicomédias: a *Exortação da guerra* e as *Cortes de Júpiter*.

Embora se veja, pelo acima dito, que a *Copilaçám* apresenta falhas, é nela que encontramos a quase totalidade da obra vicentina, aí reunida graças aos esforços de Luís que, infelizmente, também se engana ao datar muitos dos autos. I. S. Révah, um dos maiores vicentistas do nosso tempo, seguindo as pesquisas de Braamcamp Freire e Oscar de Pratt e baseando-se em critérios históricos e literários, tentou retificar os erros de cronologia apresentando um quadro[1] que, embora não se possa considerar definitivo, é o que mais se aproxima da verdade; outro ilustre estudioso de Gil Vicente, Antônio José Saraiva, utilizou este quadro na sua *História da literatura portuguesa*[2], "mantendo contudo os nomes tradicionais tanto quanto possível, a fim de evitar dificuldades de identificação com as edições existentes de *Obras completas*". É a versão deste que aqui se transcreve, acrescida de uma letra colocada entre parênteses e indicativa da classificação da *Copilaçám* (D, para as obras de devoção; C, para as comédias; T, para as tragicomédias; TP, para a tragicomédia pastoril; F, para as farsas) e, por extenso, da reclassificação apresentada por Révah, suprimida quando coincidir com aquela:

1502 — *Auto da visitação* (ou *Monólogo do vaqueiro*) (D)
1504 — *Auto de S. Martinho* (D) (milagre)
1506 — Sermão perante a Rainha D. Leonor
1509 — *Auto da Índia* (F); *Ruto pastoril castelhano* (D) (écloga pastoril)

---

[1] Ver o verbete "Gil Vicente", de I. S. R. (Israel Salvator Révah), *in* Jacintho do Prado Coelho, dir. *Dicionário de Literatura*. ed. Rio de Janeiro, Cia. Brasileira de Publicações, 1969. V. II, p. 1164-9.

[2] Antônio José Saraiva e Óscar Lopes, *História da literatura portuguesa*. Quinta ed. corrigida e aumentada. Porto, Porto Editora Ltda. s. d., p. 181-2.

1510 — *Auto dos reis magos* (D) (écloga pastoril); *Auto da fé* (D) (primeiro esboço de moralidade)
1512 — *Velho da horta* (F)
1513 — *Auto dos quatro tempos* (D) (moralidade); *Sibila Cassandra* (D) (moralidade)
1514 — *Exortação da guerra* (T) (auto)
1515 — *Quem tem farelos?* (F); *Os mistérios da Virgem* ou *Mofina Mendes* (D) (moralidade)
1517 — *Barca do inferno* (D) (moralidade)
1518 — *Auto da alma* (D) (moralidade); *Barca do purgatório* (D) (moralidade)
1519 — *Barca da Glória* (D) (moralidade)
1520 — *Auto da fama* (F) (auto)
1521 — *Cortes de Júpiter* (T) (comédia); *Rubena* (C); *Auto das ciganas* (F) (auto)
1522 — *Dom Duardos* (T) (comédia)
1523 — *Inês Pereira* (F); *Auto em pastoril português* (D) (auto); *Amadis de Gaula* (T) (comédia)
1524 — *Comédia do viúvo* (C); *Frágua d'amor* (T) (comédia); *Físicos* (F)
1525 ou 1526 — *Juiz da Beira* (F)
1526 — *Templo de Apolo* (T) (comédia); *Auto da feira* (D) (moralidade)
1527 — *Nau d'amores* (T) (comédia); *Divisa da cidade de Coimbra* (C); *Farsa dos almocreves* (F); *Serra da estrela* (TP) (comédia pastoril); *Breve sumário da história de Deus* (D) (moralidade); *Diálogo sobre a ressurreição de Cristo* (D) (moralidade)
1527 — (cerca de) — *Autos das fadas* (F) (auto)
1527   ou 1528 — *Auto da festa*
1529 — *Tragicomédia do inverno e verão* (T) (comédia)
1529 ou 1530 — *Clérigo da Beira* (F)
1532 — *Auto da lusitânia* (F) (auto)
1533 — *Romagem dos agravados* (T) (comédia)
1534 — *Cananéia* (D) (auto)
1536 — *Floresta de enganos* (C)

No quadro de Révah, como se vê, ele subdivide os autos de devoção em um milagre — o de *S. Martinho*, sua segunda obra dramática —, duas éclogas pastoris — o *Auto pastoril em castelhano* e o dos *Reis Magos* — e moralidades — todos os outros, com exceção do *Auto em pastoril português*, a que chama simplesmente auto. As farsas mantêm a sua designação, exceto os autos das *Ciganas*, das *Fadas*, da *Fama* e da *Lusitânia*, que ficam como autos (é na verdade bastante forçado aceitar estes dois últimos como farsas). As quatro comédias permanecem como tais e a elas se acrescentam as tragicomédias (uma delas, a *Serra da estrela*, como comédia pastoril); somente a *Exortação da guerra* fica incluída[3] no território não bem demarcado dos autos apenas autos, seis ao todo.

Esta proposta de classificação, embora tenha a virtude de absorver a categoria não vicentina das tragicomédias, não dá conta da extrema diversidade encontrada em cada uma das que permanecem. No intento de abrangê-la, Antônio José Saraiva propõe o que chama de "tentame aproximativo", onde distingue entre as moralidades algumas que não o são realmente, mas mistérios: o *Auto da Mofina Mendes* (cujo título é, aliás, *Os mistérios da Virgem*), o *Breve sumário da história de Deus*, o *Auto dos quatro tempos* e o da *Sibila Cassandra*, que não têm o intuito moralizante dos outros (*Auto da alma*, *Auto da feira*, etc.). Observa também que, do ponto de vista do processo utilizado, alguns desses autos são alegorias religiosas (*Autos das barcas*, por exemplo), enquanto outros apresentam um enredo, embora rudimentar. Alegóricos são também alguns autos profanos (*Cortes de Júpiter*, *Frágua d'amor*, etc.) e de enredo as melhores farsas: a da *Índia* e a da *Inês Pereira*, e as comédias romanescas (as quatro da *Copilaçám*), que se apresentam, ao mesmo tempo, como autos cavaleirescos.

De tudo que ficou dito, fica mais e mais comprovado o que já acentuamos a respeito do teatro vicentino: a inobservância de regras clássicas, o aproveitamento de toda a variedade de sugestões anteriores ou contemporâneas do teatro medieval e especialmente do peninsular: milagres, mistérios, moralidades, farsas, *sotties* (de onde vem o Parvo); momos e entremeses, que lhe inspiram as peças de aparato e rica encenação; e ainda as éclogas pastoris de Juan del Enzina e Lucas Fernandes, e a comédia a fantasia de Torres Naharro. Da convergência dessas múltiplas linhas surge uma obra surpreendentemente madura, se a compararmos ao que a precede ou lhe é contemporâneo.

Se, nos quarenta e quatro autos escritos ao longo de trinta e quatro anos e, como acabamos de ver, bastante diversificados, pesquisarmos a

---

[3] Assim também o *Auto da festa*, que, como já se disse, não figura na *Copilaçám*.

freqüência com que neles se utilizam certos processos e são visadas certas áreas, chegaremos à conclusão de que Gil Vicente abarca o divino, o diabólico e o humano, bem mais a miúdo estes que aquele (dominante nas obras de devoção, mas ausente, ou quase, das outras); abrange ainda o alegórico e o fantástico (nestes incluímos os personagens mitológicos, as fadas, os clérigos nigromantes, as feiticeiras, etc.) ora postos a serviço dos homens, ora de Deus ou do Diabo, apresentando a área humana por intermédio de uma visão crítica que nela distingue o bem e o mal, os quais surgem nitidamente separados nas outras duas.

A Deus — explicitado ou não nas pessoas da Trindade —, aos seus profetas e santos, à Santa Madre Igreja, só respeito é devido, só amor é demonstrado; à Virgem Maria, respeito e amor, e mais uma especial ternura que se estende ao Menino Jesus. Este não chega a ser um personagem, mas a meta aonde se dirigem Anjos, pastores e pastoras — os autênticos e os que de pastores veste Gil Vicente (personagens bíblicos como Salomão, Isaías, Moisés, Davi; as Sibilas; as estações do ano); vaqueiros, um Cavaleiro, um Ermitão, o próprio Júpiter, as Virtudes —, para louvá-lo, adorá-lo e até niná-lo. O Cristo adulto aparece no *Breve sumário da história de Deus*, é tentado por Satanás, repele-o firmemente e se encaminha para o sacrifício; no *Auto da Sibila Cassandra*, encarece o valor da oração insistente e feita com a alma "inflamada/e o espírito transcendido/na divindade sagrada" e, atendendo às súplicas da Cananéia, liberta-lhe a filha do demônio que a possuía. Só uma vez a Virgem é personagem: no *Auto dos mistérios da virgem*, ou da *Mofina Mendes*, onde se mostra cercada das Virtudes, seguindo-lhes os conselhos que ao mesmo tempo a levam a julgar-se indigna de merecer ser a Mãe do Cristo e a obedecer à escolha e convite do Senhor. Em muitos outros autos, porém, ela é invocada como a grande mediadora, citada como exemplo, cantada em alguns dos mais belos versos vicentinos. Mediadora, é a ela que se dirigem os mais altos representantes da Igreja — o arcebispo, o cardeal e o papa —, no *Auto da barca da Glória*, para conseguir salvar-se; exemplo, seu espelho é dado a Roma, para que nele se mire e a ela procure assemelhar-se; motivo de celebração e canto, ela é: "senhora do mundo,/exemplo da paz,/Pastora dos anjos,/luz das estrelas!" e ainda "humana e divina rosa", "flor de las flores", "madre de las estrelas".

Do Velho Testamento, traz o Poeta Adão e Eva, Abel, Jó, Abraão, Moisés, Davi e Isaías, no *Breve sumário* e, como querendo salientar que está representando a história de Deus dentro de um critério de seleção, faz dizer ao Mundo, que é o apresentador dos personagens: "Ora venha Abel seu filho carnal,/e não façais conta aqui de Caim,/ que como o homem é homem ruim,/para que é dele fazer cabedal?"[4]; no *Auto da Sibila Cassandra*, além de os profetas acima, inclui Salomão. Do Novo Testamento, além de o Cristo e de Maria, há São José; seis apóstolos — Pedro, João, Tiago, Filipe, André e Simão (os três últimos não falam) —; João Batista; São Martinho; quatro doutores: Agostinho, Jerônimo, Ambrósio, Tomás (este também não fala).

A esses personagens humanos do plano divino, falta-nos acrescentar, personificada em figura de mulher, a Santa Madre Igreja e os Anjos; os que chamam os homens para ver o milagre da encarnação, os que estão ao leme da barca da Glória, o que introduz a história de Deus, definindo-o e dando ordens, em seu nome, ao Mundo, ao Tempo e à Morte; o que disputa a alma ao Diabo; o Arcanjo Gabriel que anuncia a vinda do Messias, o Serafim que convoca as gentes para a feira da Virgem.

Em pólo oposto estão os diabos: Lúcifer, maioral do inferno; Satanás, fidalgo do seu conselho; Belial, meirinho da sua corte, Berzabu, Dinato, Danor, Zebron, e mais os importantíssimos diabos anônimos do *Auto da alma*, da trilogia das *Barcas*, do *Auto da feira* e outros diabretes nomeados da *Comédia de Rubena*. Os piores eticamente, pois que encarnam o mal, são, de um ponto de vista dramático, dos melhores e mais vigorosos personagens de Gil Vicente; conhecem as artes de persuadir e de tentar, penetrando no fundo das consciências; ágeis no ataque e na defesa, vivos na argumentação, sabem lisonjear quando é preciso ganhar uma alma e zombar dela impiedosamente, depois que a têm vencida. Habituados a vencer, não lhes é fácil a derrota que os leva à blasfêmia, à ameaça e à promessa de vingança; só então revelam sua vulnerabilidade, que parecia impossível. Do conhecimento que têm dos vícios da alma humana se vale Gil Vicente, fazendo deles elementos básicos da sua sátira social: é aos diabos que cabe denunciar os desmandos do fidalgo, do frade, dos homens da lei, da alcoviteira, do usurário; e ainda da mais alta nobreza, incluindo o rei e o imperador; do mais alto clero, até o próprio papa. No *Auto da feira*, Roma — o lado humano da Igreja — também será tentada pelo Diabo que lhe oferece mercadorias — mentiras e enganos de toda sorte — que ela não quer, porque já as comprou dele,

---

[4] Fazer cabedal: estimar, valorizar.

antes, "tanto, que inda venderei;/e outras sujas mercancias,/que por meu mal te comprei".

Para ressaltar a importância dos diabos vicentinos, fomos entrando pela área do humano, pois que nesta é que eles exercem sua atividade de tentadores. E aí foram surgindo, nessa rápida incursão, as classes mais atingidas: o clero, a nobreza e a justiça. Ao clero falta o que Roma vem buscar à feira da Virgem: "paz, verdade e fé". Que verdade tem o frade que dança e esgrime, que traz por sua uma mulher? Que verdade têm o arcebispo e o cardeal que só pensaram em ser papas, abandonando os pobres e desamparados? E o papa que foi luxurioso, soberbo e praticou a simonia? É o diabo quem os incrimina, apavorando-os com os castigos que os esperam no inferno.

À nobreza sobra orgulho e tirania; o Fidalgo, da *Barca do inferno*, ouve do Anjo esta recusa: "Não se embarca tirania/neste batel divinal" e a sugestão para que entre na outra barca, mais espaçosa, onde irá "com fumosa senhoria, cuidando na tirania/do pobre povo queixoso". Na *Barca da Glória*, o Rei é acusado pelo Diabo, por ter sido: "con los grandes alterado,/con los chicos descuidado,/fulminando injusta guerra" e o Imperador, por ter usado "crueldad/y infinito desvario".

À Justiça, falta honradez; o Corregedor — é o Diabo quem o diz — aceitou suborno, julgou com malícia e permitiu que a mulher recebesse "peitas dos judeus"; com o Procurador irá para o inferno. A própria Justiça é personificada em uma "velha corcunda, torta, muito malfeita, com sua vara quebrada", na *Frágua d'amor*; para reformá-la é preciso que por duas vezes se submeta à calda na forja miraculosa de Cupido, a quem pede: "Fazei-me estas mãos menores/que não possam apanhar,/e que não possa escutar/esses rogos de Senhores,/que me fazem entortar".

Não se restringe a essas três importantes classes a sátira vicentina; nelas, pela maior responsabilidade, o vício é mais condenável, mas a desonestidade também é verberada com força no Sapateiro ou no Onzeneiro e a mulher adúltera (a Ama, no *Auto da Índia*) põe a nu sua volúpia e hipocrisia. A par dessa crítica severa, cujo instrumento contundente é o cômico mordaz, Gil Vicente faz outra, mais para zombar e divertir do que para castigar: é assim que apresenta os físicos do rei, com seus vários bordões de linguagem e processos de diagnosticar uma moléstia estranha (a paixão não correspondida de um clérigo, na *Farsa dos físicos*); o velho que não aceita a idade e pinta o cabelo e a barba (na *Frágua d'amor*); o casado que quer livrar-se da mulher, sem saber como (na *Comédia do viúvo*);

a mulher madura que gostou de ser agarrada pelo clérigo, mas afeta virtude (na *Inês Pereira*) e muitíssimos outros. E há ainda um outro tipo de sátira que, embora provoque o riso, também excita a piedade: é o caso do Velho (*Farsa do velho da horta*) apaixonado que, tendo desbaratado seus bens por artes da Alcoviteira, cai em si e lastima a pobreza em que deixará as suas quatro filhas; outro é o Negro da *Frágua d'amor* que, ao pedir a Cupido que lhe mude a cor, esquece-se de fazer o mesmo em relação a sua fala: vê-se branco, falando guiné. Como poderá viver nessa hibridez que se criou?

Ombreando com esse mundo real fervilhante e até com os elementos do divino, encontramos personagens mitológicos — já falamos em Júpiter e Cupido, mas há também Vênus, Apolo e muitos outros — e alegóricos; misturam-se em cena os planos, os tempos, os espaços, numa plena expansão de vida representada sem fronteiras pelo Poeta que se utiliza de uma realidade exterior não para reproduzi-la, mas para recriá-la, ao criar a realidade do seu texto.

Homem do seu tempo — tempo de transição entre dois séculos —, Gil Vicente se mantém fiel (como já vimos) aos gêneros e metros medievais, mas seu espírito se abre às novas tendências, e a sua posição de ataque a Roma e exaltação da Igreja, de crítica à nobreza e defesa dos cristãos novos, é a que encontramos em Erasmo, de quem poderá ter sofrido influências, mas sobretudo com quem coincide em pontos de vista. "Recusavam a religião de aparência, a oração mecânica, as indulgências a granel, a libertinagem do clero, a simonia; queriam a volta da humildade dos santos pastores/do tempo passado", da fé total e desinteressada que plenamente se define no auto vicentino (*Auto da fé*) : "Fé é crer o que não vemos,/pela glória que esperamos/amar o que não compreendemos,/nem vimos, nem conhecemos,/para que salvos sejamos. //Fé é amar a Deus só por Ele,/quanto se puder amar,/por ser Ele singular,/não por interesse d'Ele;/e, se mais quereis saber,/crer na Madre Igreja Santa,/e cantar como ela canta/e querer o que ela quer". Não tão consciente, mas pura em sua ingenuidade, é a fé da Pastora menina (*Barca do purgatório*), que conhecia Deus muito bem, e explica: "era redondo", ou a de Gilberto (*Auto da feira*), que cria um paraíso à imagem e semelhança da terra, com ladeiras onde o Senhor tem o seu gado "gordo e guardado", com uma porta onde está S. Pedro, a léguas daqui. Para crer assim, com tal simpleza, é preciso ser pastor ou lavrador, gente do campo, enfim. A eles se dirige a simpatia do autor, o carinho com que os aproxima da Sagrada Família, pobre e desprotegida como eles. Não os atinge a crítica social que é, como tentamos mostrar, a intenção central da obra de Gil Vicente.

Por essa intenção e pelo caráter narrativo de muitos de seus autos, ele tem sido aproximado de Brecht. E não apenas por coincidências, mas por seguirem as pegadas do velho mestre, conscientemente e sem disfarces, dele aproximamos Ariano Suassuna — sobretudo no *Auto da compadecida* — e Sttau Monteiro, no *Auto da barca do motor fora da borda*, onde o autor contraponteia os personagens do *Auto da barca do inferno* com os da sua barca, que "não ruma — anda à deriva!" Assim permanece "espantosamente" viva a obra vicentina, "inacessível às condições do tempo e do espaço"[5].

---

[5] José Régio. Literatura viva. *Presença*, março de 1927.

O velho da horta

INTRODUÇÃO

A farsa do velho da horta*

SEGISMUNDO SPINA

I. Argumento

Gil Vicente, nesta farsa, relata as peripécias decorrentes de um frustrado amor senil, cujo protagonista, um velho sessentão e proprietário de uma horta, se apaixona subitamente por uma jovem compradora. Insensível às solicitações do Velho, zombando mesmo das suas tontarias, o diálogo entre os dois sobe para o primeiro plano, poético pelo lirismo do Velho apaixonado, e altamente cômico pela ironia empolgante com que a Moça responde ao pretendente. Após a cena em que o Velho emprega toda a sua dialética para requestar a bela rapariga, seguem-se as astúcias profissionais de uma alcoviteira que promete ao Velho a posse do objeto amado, mas que, mediante promessas lisonjeiras e de próximo êxito, acaba por extorquir toda a riqueza do Velho. Intervém finalmente a Justiça, que acaba por prender a alcoviteira, dissipando-se, assim, não só a doce miragem do hortelão apaixonado, como a sua fortuna; e mais não lhe fica, como remate doloroso, senão ouvir de uma nova freguesa a notícia de casamento daquela que lhe reacendera por alguns instantes o ardor da juventude.

---

* Fonte: *O velho da horta, Auto da barca do inferno, Farsa de Inês Pereira*, Gil Vicente, introdução e estabelecimento do texto por Segismundo Spina, Editora Brasiliense, São Paulo, 1989.

Considerações sobre a peça

Quando Gil Vicente escreveu esta farsa fazia apenas três anos que se libertara do modelo eglógico de Juan del Encina e do dialeto saiaguês. Esta peça, representada em 1512, já revela um surpreendente domínio da arte teatral: Gil utiliza-se de processos dramáticos que se tornarão típicos nas suas criações cômicas, razão por que vamos insistir um pouco na sua apreciação. Nela, já se observa o desprezo da categoria tempo (praticado já no *Auto da Índia*) — inobservância que resultaria no teatro clássico em crime contra as leis da verossimilhança; a não preparação de cenas e entradas de personagens — e conseqüentemente a precipitação de certos quadros e situações; a presença da Alcoviteira, que pela primeira vez ingressa no temário de suas peças, figura pitoresca da baixa sociedade peninsular e da qual Gil Vicente procura extrair todas as possibilidades cômicas; e o realismo na caracterização social, psicológica e lingüística de seus personagens. E revela mais: perfeito domínio do diálogo e grande poder de exploração do cômico.

Pouco aparato cênico seria necessário para sugerir o ambiente em que decorre a peça, pois a classe burguesa não andava muito divorciada da área da pequena economia agrícola. Nos alvores do século XVI, a paisagem urbana de Lisboa, com as suas chácaras a rodearem a parte baixa da cidade, dispensava qualquer recurso cênico para a sugestão local; naturalmente a indumentária era suficiente para ajudar a imaginação dos espectadores da representação. Gil Vicente não apelou, inclusive, para mudanças de cenário: a ação decorre toda na horta e os acontecimentos que se realizam fora dela são conhecidos através de informações que vêm de fora. E atendendo aos inúmeros princípios da economia da representação, o autor conseguiu integral unidade de ação na sua peça, pois todos os episódios convergem para o seu desfecho; as duas longas e aparentes digressões — o solilóquio matinal do Velho e a ladainha mágica da Alcoviteira para recobrar os sentidos do hortelão desmaiado — têm a sua razão de ser. A glosa do *Pater Noster* tem dupla finalidade: caracterizar o Velho e criar o cômico pelo inesperado. Com ela, a personagem revela a sua beatice e ignorância religiosa, na execução puramente mecânica da oração e na pronta disposição de aliar à sua crença as práticas inferiores da vida religiosa — expediente de magia e feitiçaria de que lança mão a Alcoviteira para realizar os desígnios do Velho; por outro lado, o solilóquio dispõe-se a preparar uma impressão de absoluta serenidade meditativa na sua personagem, para produzir inesperado efeito de contraste com a repentina transformação psicológica provocada por uma paixão à primeira vista e quase fulminante. A ladainha onomástica da Alcoviteira, apelando para as virtudes sortílegas daquela galeria de santos prematuros, se hoje não faria sentido na representação da farsa, deveria corresponder ao momento culminante no cômico pela atualidade da cena: as figuras invocadas eram pessoas da Corte e os próprios espectadores.

Se a entrada do Parvo se justifica por motivos vários (interromper um diálogo que já estava em via de tornar-se inconveniente e monótono pela extensão; e averiguar as razões da demora do Velho para o jantar), a entrada da Alcoviteira foi atenuada pela impressão de acaso:

Vós venhais embora!
Como logo Deus provê!

Explicável ainda pelo hábito que tem Gil Vicente de não preparar certas ocorrências é a entrada dos beleguins na horta para a prisão da Alcoviteira. Outras vezes não sabemos como se realizam certos pormenores: Gil Vicente não nos informa como a Moça se retirou da horta; como o lacaio saiu de cena, voltando rapidamente com a viola que o Velho lhe pedira; se já era noitinha (pois, ao entrar, o Parvo lhe pergunta o que fazia ali "até a noite"), quando teriam ocorrido as cenas subseqüentes? É evidente que pela peça as cenas da alcaiota, da intervenção dos policiais, da nova compradora e do casamento da Moça, ocorreram numa seqüência inverossímil, tendo o autor que precipitar os acontecimentos e fazendo realizar à noite um cortejo nupcial.

É surpreendente como Gil Vicente caracteriza os seus personagens, desde o criado com a sua parcíssima cultura, afeito ao trabalho físico, limitando-se a chamar o Velho às realidades primárias da vida (o comer) e incapaz de compreender os grandes dramas; à Alcoviteira astuciosa e mistificadora, cuja moral independe de todas as leis da sensibilidade. O comportamento moral e psicológico da Moça denuncia o grande talento artístico de Gil: rapariga com certa experiência, já balzaquiana, com respostas ao pé da letra, confiante de si mesma e disposta a troçar de um velho inofensivo, acendendo-lhe cada vez mais o fogo da paixão, sem quebra de sua dignidade pessoal.

Gil Vicente revela-se, ainda, nesta peça, contaminado pelos conceitos petrarquistas vigentes na lírica amorosa do seu tempo, cujo abuso ele mesmo acaba por satirizar, vinte anos mais tarde, na *Romagem de agravados*, através de Colopêndio. Os conceitos formulados pelo Velho acerca da natureza do amor são do formulário lírico dos poetas quinhentistas: é só atentar para a lírica interlocução do Velho apaixonado, contagiado pelo gosto das antíteses e pelo conceito, tão explorado depois nos sonetos camonianos, do conflito entre a razão e o sentimento amoroso ("amor não quer razão"). Não deixemos passar despercebida também uma definição de amor muito cara aos poetas clássicos do Renascimento: a de que o amor é uma capela hermética:

que morrer é acabar
e amor não tem saída[1].

---

[1] Acerca desta imagem poética — "o amor não tem saída" —, encontrável em Camões e Garcilaso, e de raízes no formalismo amoroso medieval, consultar nosso trabalho, assim intitulado, em *Da Idade Média e outras idades*, p. 119-125.

O VELHO DA HORTA

FIGURAS:

UM VELHO
UMA MOÇA
UM PARVO — Criado do velho
MULHER do velho
BRANCA GIL
UMA MOCINHA
UM ALCAIDE
BELEGUINS

A seguinte farsa, é o seu argumento, que um homem honrado e muito rico, já velho, tinha uma horta; e andando uma manhã por ela espairecendo, sendo o seu hortelão fora, veio uma moça de muito bom parecer buscar hortaliça, e o velho em tanta maneira se namorou dela, que por via de uma alcoviteira gastou toda sua fazenda. A alcoviteira foi açoitada, e a moça casou honradamente.

Foi representada ao mui sereníssimo Rei Dom Manuel o primeiro deste nome, era do Senhor de 1512.

O velho da horta

(*Entra o velho pela horta, rezando:*)

VELHO
Pater noster criador,
Qui es in coelis poderoso,
Sanctificetur, Senhor,
Nomen tuum vencedor,
Nos céus a terra piedoso.
Adveniat a tua graça,
Regnum tuum sem mais guerra;
Voluntas tua se faça
Sicut in coelo et in terra.

Panem nostrum, que comemos,
Quotidianum, teu é;
Escusá-lo não podemos:
Inda que o não merecemos,
Tu da nobis hodie.
Dimitte nobis, Senhor,
Debita nossos errores,
Sicut et nos, por teu amor,
Dimittimus qualquer error
Aos nossos devedores.

Et ne nos, Deus, te pedimos,
Inducas por nenhum modo

In tentationem caímos;
Formados de triste lodo.
Sed libera nossa fraqueza,
Nos a malo nesta vida.
Amen por tua graça,
E nos livre tua alteza
Da tristeza sem medida.

(*Entra a Moça na horta e diz o Velho:*)

VELHO
Senhora, benza-vos Deus.

MOÇA
Deus vos mantenha, Senhor.

VELHO
Onde se criou tal flor?
Eu diria que nos céus.

MOÇA
Mas no chão.

VELHO
Pois damas se acharão,
Que não são vosso sapato.

MOÇA
Ai! como isso é tão vão,
E como as lisonjas são
De barato.

VELHO
Que buscais vós cá, donzela,
Senhora, meu coração?

MOÇA
Vinha ao vosso hortelão
Por cheiros para a panela.

VELHO
E a isso
Vindes vós, meu paraíso,
Minha senhora, e não al[1]?

MOÇA
Vistes vós! Segundo isso,
Nenhum velho não tem siso
Natural.

VELHO
Oh! meus olhinhos garridos!
Minha rosa! meu arminho!

MOÇA
Onde é o vosso ratinho[2]?
Não tem os cheiros colhidos?

VELHO
Tão depressa
Vindes vós, minha condessa,
Meu amor, meu coração?

MOÇA
Jesu! Jesu! que coisa é essa?
E que prática tão avessa
Da razão!

Falai, falai d'outra maneira:
Mandai-me dar a hortaliça.

VELHO
Grão fogo d'amor m'atiça,
Oh! minha alma verdadeira!

MOÇA
E essa tosse?

---

[1] Outra coisa, o mais. (N. do E.)
[2] Hortelão, camponês beirão. (N. do E.)

Amores de sobreposse[3]
Serão os da vossa idade:
O tempo vos tirou a posse.

VELHO
Mais amo, que se moço fosse
Com a metade[4].

MOÇA
E qual será a desestrada[5],
Que atente em vosso amor?

VELHO
Oh! minh'alma e minha dor,
Quem vos tivesse furtada!

MOÇA
Que prazer!
Quem vos isso ouvir dizer
Cuidará que estais vós vivo,
Ou que sois para viver.

VELHO
Vivo não no quero ser,
Mas cativo.

MOÇA
Vossa alma não é lembrada
Que vos despede esta vida?

VELHO
Vós sois minha despedida,
Minha morte antecipada.

---

[3] Amores de sobreposse: amores forçados, artificiais. (N. do E.)
[4] Isto é, "amo muito mais agora do que se tivesse a metade da minha idade". (N. do E.)
[5] Desditosa. (N. do E.)

MOÇA
Que galante!
Que rosa! que diamante!
Que preciosa perla[6] fina!

VELHO
Oh! fortuna triunfante!
Quem meteu um velho amante
Com menina!

O maior risco da vida,
E mais perigoso, é amar
Que morrer é acabar,
E amor não tem saída.
E pois penado,
Ainda que seja amado,
Vive qualquer amador;
Que fará o desamado,
E sendo desesperado
De favor?

MOÇA
Ora dá-lhe lá favores!
Velhice, como te enganas!

VELHO
Essas palavras ufanas
Acendem mais os amores.

MOÇA
Ó homem, estais às escuras;
Não vos vedes como estais?

VELHO
Vós me cegais com tristuras[7],
Mas vejo as desventuras
Que me dais.

---

[6] Pérola. (N. do E.)
[7] Tristezas. (N. do E.)

MOÇA
Não vedes que sois já morto,
E andais contra natura?

VELHO
Ó flor da maior formosura,
Quem vos trouxe a este meu horto?
Ai de mi!
Porque assim como vos vi[8],
Cegou minha alma e a vida;
E está tão fora de si,
Que, partindo-vos daqui,
É partida.

MOÇA
Já perto sois de morrer:
Donde nasce esta sandice,
Que, quanto mais na velhice,
Amais os velhos viver?
E mais querida,
Quando estais mais de partida,
É a vida que deixais?

VELHO
Tanto sois mais homicida,
Que, quando amo mais a vida,
M'a tirais.

Porque minh'hora d'agora
Vale vinte anos dos passados;
Que os moços namorados
A mocidade os escora.
Mas um velho,
Em idade de conselho,
De menina namorado...
Oh! minh'alma e meu espelho!

---

[8] Assim que vos vi. (N. do E.)

MOÇA
Oh! miolo de coelho
Mal assado.

VELHO
Quanto for mais avisado
Quem d'amor vive penando,
Terá menos siso amando,
Porque é mais namorado.
Em conclusão,
Que amor não quer razão,
Nem contrato, nem cautela,
Nem preito, nem condição,
Mas penar de coração
Sem querela.

MOÇA
Ulos esses namorados[9]?
Desinçada é a terra deles[10]:
Olho mau se meteu neles:
Namorados de cruzados,
Isso sim.

VELHO
Senhora, eis-me eu aqui,
Que não sei senão amar.
Oh! meu rosto d'alfeni[11]!
Qu'em forte pontos vos vi
Neste pomar!

MOÇA
Que velho tão sem sossego!

VELHO
Que garridice me viste?

---

[9] Isto é, "Onde estão esses namorados?" (N. do E.)
[10] Isto é, "A terra está livre deles". (N. do E.)
[11] Massa delicada de alvíssimo açúcar. (N. do E.)

MOÇA
Mas dizei, que me sentiste,
Remelado, néscio, cego?

VELHO
Mas de todo
Por mui namorado modo
Me tendes minha senhora
Já cego de todo em todo.

MOÇA
Bem está quando tal lodo
Se namora.

VELHO
Quanto mais estais avessa,
Mais certo vos quero bem.

MOÇA
O vosso hortelão não vem?
Quero-me ir, que estou de pressa.

VELHO
Oh! formosa,
Toda minha horta é vossa.

MOÇA
Não quero tanta franqueza.

VELHO
Não por me serdes piedosa;
Porque quanto mais graciosa,
Sois crueza.

Cortai tudo sem partido[12];
Senhora, se sois servida,
Seja a horta destruída,
Pois seu dono é destruído.

---

[12] À vontade. (N. do E.)

MOÇA
Mana minha,
Achastes vós a daninha,
Porque não posso esperar.
Colherei alguma coisinha,
Somente por ir asinha[13]
E não tardar.

VELHO
Colhei, rosa, dessas rosas,
Minhas flores, colhei flores.
Quisera que esses amores
Foram perlas preciosas,
E de rubis
O caminho por onde is,
E a horta d'ouro tal,
Com lavores mui sutis,
Pois que Deus fazer-vos quis
Angelical.

Ditoso é o jardim
Que está em vosso poder:
Podeis, senhora, fazer
Dele o que fazeis de mim.

MOÇA
Que folgura[14]!
Que pomar e que verdura!
Que fonte tão esmerada!

VELHO
N'água olhai vossa figura,
Vereis minha sepultura
Ser chegada.

MOÇA (*Canta:*)
Cual es la niña

---

[13] Depressa. (N. do E.)
[14] Alegria. (N. do E.)

Que coge las flores,
Sino tiene amores.
Cogia la niña
La rosa florida,
El hortelanico
Prendas le pedia,
Sino tiene amores.

(*Assim cantando colheu a Moça da horta o que vinha buscar, e acabado, diz:*)

MOÇA
Eis aqui o que colhi;
Vede o que vos hei de dar.

VELHO
Que m'haveis vós de pagar,
Pois que me levais a mim?
Oh! coitado!
Que amor me tem entregado
E em vosso poder me fino,
Porque são de vós tratado
Como pássaro em mão dado
D'um menino.

MOÇA
Senhor, com vossa mercê...

VELHO
Por eu não ficar sem a vossa,
Queria de vós uma rosa.

MOÇA
Uma rosa? para quê?

VELHO
Porque são
Colhidas de vossa mão,
Deixar-m'eis alguma vida,
Não isenta de paixão,

Mas será consolação
Na partida.

MOÇA
Isso é por me deter:
Ora tomai — acabar.
(*Tomou-lhe o Velho a mão.*)
Jesu! e quereis brincar?
Que galante e que prazer!

VELHO
Já me deixais?
Lembre-vos que me lembrais
E que não fico comigo.
Oh! marteiros[15] infernais!
Não sei por que me matais,
Nem o que digo.

(*Vem um Parvo, criado do Velho, e diz:*)

PARVO[16]
Dono, dizia minha dona
Que fazeis vós cá té à noite?

VELHO
Vai-te daí, não t'açoite.
Oh! dou ó demo a chaçona[17]
Sem saber.

PARVO
Diz que fosseis vós comer,
E que não moreis aqui.

---

[15] Martírios. (N. do E.)
[16] Gil Vicente procurava caracterizar os seus personagens pela linguagem. O Parvo é um rústico, e os termos por ele usado são em muitos casos ininteligíveis hoje em dia. (N. do E.)
[17] Mulher que tudo vê e descobre. (N. do E.)

VELHO
Não quero comer nem beber.

PARVO
Pois que haveis cá de fazer?

VELHO
Vai-te daí.

PARVO
Dono, veio lá meu tio,
Estava minha dona — então ela
Foi-se-lhe o lume pela panela,
Senão acertá-lo acario[18].

VELHO
Oh! Senhora,
Como sei que estais agora
Sem saber minha saudade!
Oh! Senhora matadora,
Meu coração vos adora
De vontade.

PARVO
Raivou tanto rosmear[19]
Oh! pesar ora da vida!
Está a panela cozida,
Minha dona quer jantar:
Não quereis?

VELHO
Não hei de comer, que me pês[20],
Nem quero comer bocado.

---

[18] Vem de "acarear", de a + cara: defrontar. (N. do E.)
[19] Resmungar. (N. do E.)
[20] Isto é, "ainda que me pese". (N. do E.)

PARVO
E se vós, dono, morreis?
Então depois não falareis,
Senão finado.

Então na terra nego jazer,
Então finar dono estendido.

VELHO
Oh! quem não fora nascido,
Ou acabasse de viver!

PARVO
Assim, pardeus[21].
Então tanta pulga em vós,
Tanta bichoca[22] nos olhos,
Ali c'os finados sós;
E comer-vos-ão a vós
Os piolhos.

Comer-vos-ão as cigarras,
E os sapos morreré, morreré.

VELHO
Deus me faz já mercê
De me soltar as amarras.
Vai saltando,
Aqui fico esperando:
Traze a viola e veremos.

PARVO
Ah! corpo de São Fernando!
Estão os outros jantando,
E cantaremos?

VELHO
Quem fosse do teu teor,

---

[21] Fórmula de juramento: "por Deus". (N. do E.)
[22] Verme. (N. do E.)

Por não sentir tanta praga
De fogo que não s'apaga
Nem abranda tanta dor!
Hei de morrer.

PARVO
Minha dona quer comer;
Vinde eramá[23], dono, que brada.
Olhai, eu fui-lhe dizer
Dessa rosa e do tanger,
E está raivada.

VELHO
Vai-te tu, filho Joanne,
E dize que logo vou,
Que não há tanto que ca'stou.

PARVO
Ireis vós para Sanhoanne
Pelo céu sagrado,
Que meu dono está danado.
Viu ele o demo no ramo.
Se ele fosse namorado,
Logo eu vou buscar outr'amo.

(*Vem a Mulher do Velho e diz:*)

MULHER
Ui! amara[24] do meu fado;
Fernandianes, que é isto?

VELHO
Oh! pesar do Anticristo
Co'a velha destemp'rada!
Vistes ora?

---

[23] Em má hora. (N. do E.)
[24] Amarga. (N. do E.)

MULHER
Esta dama onde mora?
Ui! amara dos meus dias!
Vinde jantar na má hora:
Que vos metedes agora
Em musiquias?

VELHO
Pelo corpo de São Roque
Comendo ó demo a gulosa.

MULHER
Quem vos pôs aí essa rosa?
Má forca que vos enforque!

VELHO
Não curar:
Fareis bem de vos tornar,
Porque estou mui mal sentido;
Não cureis de me falar,
Que não se pode escusar
Ser perdido.

MULHER
Agora co'as ervas novas
Vos tornastes garanhão.

VELHO
Não sei que é, nem que não,
Que hei de vir a fazer trovas.

MULHER
Que peçonha!
Havei má hora vergonha
A cabo de sessenta anos,
Que sondes[25] já carantonha[26].

---

[25] Sois. (N. do E.)
[26] Cara feia. (N. do E.)

VELHO
Amores de quem me sonha
Tantos danos.

MULHER
Já vós estais em idade
De mudardes os costumes.

VELHO
Pois que me pedis ciúmes,
Eu vo-lo farei verdade.

MULHER
Olhai a peça!

VELHO
Nunca o demo em al m'impeça[27],
Senão morrer de namorado.

MULHER
Quer já cair da tripeça,
E tem rosa na cabeça
E imbicado[28].

VELHO
Deixa-me ser namorado,
Porque o sou muito em extremo.

MULHER
Mas que vos tome inda o demo,
Se vos já não tem tomado.

VELHO
Dona torta.
Acertar por essa porta,
Velha mal aventurada,
Sair má hora da horta.

---

[27] Isto é, "que o demo em nada me impeça". (N. do E.)
[28] Apaixonado. (N. do E.)

MULHER
Ui, amara! aqui sou morta,
Ou espancada.

VELHO
Estas velhas são pecados,
Santa Maria val com a praga[29]!
Quanto as homem mais afaga,
Tanto são mais endiabradas.

(*Canta:*)

Volvido nos han volvido,
Volvido nos han
Por una vecina mala
Meu amor tolheu-me a fala,
Volvido nos han.

(*Vem Branca Gil, alcoviteira, e diz:*)

BRANCA
Mantenha Deus vossa mercê.

VELHO
Bofé[30], vós venhais embora.
Ah! Santa Maria senhora,
Como logo Deus provê!

BRANCA
Si aosadas.
Eu venho por mesturadas[31],
E muito depressa ainda.

---

[29] Isto é, "Santa Maria me valha contra essa praga". (N. do E.)
[30] À boa-fé. (N. do E.)
[31] Legumes vários. (N. do E.)

VELHO
Mesturadas mesandadas,
Que as fará bem guisadas
Vossa vinda.
O caso é: Sobre meus dias,
Em tempo contra razão,
Veio Amor sobre tenção,
E fez de mim outro Mancias[32],
Tão penado,
Que de muito namorado
Creio que me culpareis
Porque tomei tal cuidado;
E do velho destampado
Zombareis.

BRANCA
Mas antes, senhor, agora
Na velhice anda o amor;
O de idade d'amador
De ventura se namora;
E na corte
Nenhum mancebo de sorte
Não ama como soía.
Tudo vai em zombaria;
Nunca morrem desta morte
Nenhum dia.

E folgo ora de ver
Vossa mercê namorado;
Que o homem bem-criado
Até morte o há de ser
Por direito;
Não por modo contrafeito,
Mas firme, sem ir atrás,
Que a todo o homem perfeito
Mandou Deus no seu preceito:
Amarás.

---

[32] Trata-se de um trovador galego que se tornou símbolo do apaixonado infeliz. (N. do E.)

VELHO
Isso é o demo que eu brado,
Branca Gil, e não me val,
Que não daria um real
Por homem desnamorado.
Porém, amiga,
Se nesta minha fadiga
Vós não sois medianeira,
Não sei que maneira siga,
Nem que faça nem que diga,
Nem que queira.

BRANCA
Ando agora tão ditosa,
Louvores à Virgem Maria,
Que acabo mais do que qu'ria,
Pela minha vida e vossa.
D'antemão
Faço uma esconjuração
C'um dente de negra morta[33]
Até que entre pela porta,
Que exorta
Qualquer duro coração.

Dizede-me, quem é ela?

VELHO
Vive junto co'a Sé.

BRANCA
Já, já, já; bem sei quem é.
É bonita como estrela,
Uma rosinha d'abril.
Uma frescura de maio,
Tão manhosa, tão sutil!

---

[33] Os dentes dos mortos serviam para fazer feitiços. (N. do E.)

VELHO
Acuda-me, Branca Gil,
Que desmaio.

(*Esmorece o Velho, e a alcoviteira começa a ladainha seguinte:*)

BRANCA
Ó precioso Santo Arelhano,
— mártir bem-aventurado,
Tu que foste marteirado[34]
Neste mundo cento e um ano;
Ó São Garcia
Moniz, tu que hoje em dia
— Fazes milagres dobrados,
Dá-lhe esforço e alegria,
Pois que és da companhia
Dos penados.

Ó apóstolo São João Fogaça,
Tu que sabes a verdade,
Pela tua piedade
Que tanto mal não se faça.
Ó Senhor
Tristão da Cunha Confessor,
Ó mártir Simão de Sousa,
Pelo vosso santo amor
Livrai o velho pecador
De tal coisa.

Ó Santo Martim Afonso
De Melo, tão namorado,
Dá remédio a este coitado,
E eu te direi um responso

Com devoção.
Eu prometo uma oração,
Cada dia quatro meses,

---

[34] Martirizado. (N. do E.)

Porque lhe deis coração,
Meu Senhor São Dom João
De Menezes.

Ó mártir Santo Amador
Gonçalo da Silva, vós,
Vós que sois um só dos sós
Porfioso em amador
Apressurado,
Chamai o martirizado
Dom João d'Eça a conselho,
Dois casados num cuidado,
Socorrei a este coitado
Deste velho.

Arcanjo São Comendador
Mor d'Avis, mui inflamado,
Que antes que fosseis nado
Fostes santo no amor.
E não fique
O precioso Dom Anrique
Outro Mor de Santiago;
Socorrei-lhe muito a pique;
Antes que o demo repique
Com tal pago.

Glorioso São Dom Martinho,
Apóstolo e Evangelista,
Tomai este feito à revista,
Porque leva mau caminho,
E dai-lhe espírito.
Ó Santo Barão d'Alvito,
Serafim do Deus Cupido,
Consolai o velho aflito;
Porque inda que contrito,
Vai perdido.

Todos santos marteirados,
Socorrei ao marteirado,
Que morre de namorado,

Pois morreis de namorados.
Para o livrar
As Virgens quero chamar,
Que lhe queiram socorrer,
Ajudar e consolar,
Que está já para acabar
De morrer.

Ó Santa Dona Maria
Anriques, tão preciosa,
Queirais-lhe ser piedosa
Por vossa santa alegria.
E vossa vista,
Que todo o mundo conquista,
Esforce seu coração,
Porque à sua dor resista,
Por vossa graça e benquista
Condição.

Ó Santa Dona Joana
De Mendonça, tão formosa,
Preciosa e mui lustrosa,
Mui querida e mui ufana,
Dai-lhe vida,
Como outra santa escolhida,
Que tenho em *voluntas mea*,
Seja de vós socorrida,
Como de Deus foi ouvida
A Cananea.

Ó Santa Dona Joana
Manoel, pois que podeis,
E sabeis e mereceis
Ser angélica e humana,
Socorrê.
E vós, Senhora, por mercê,
Ó Santa Dona Maria
De Calataúd, porque
Vossa perfeição lhe dê
Alegria.

Santa Dona Catarina
De Figueiredo a Real,
Por vossa graça especial,
Que os mais altos inclina;
E ajudará
Santa Dona Beatriz de Sá:
Dai-lhe, Senhoras, conforto,
Porque está seu corpo já
Quase morto.

Santa Dona Beatriz
Da Silva, que sois aquela
Mais estrela que donzela,
Como todo o mundo diz;
E vós sentida
Santa Dona Margarida
De Sousa, lhe socorrê,
Se lhe puderdes dar vida,
Porque está já de partida,
Sem porquê.

Santa Dona Violante
De Lima, de grande estima,
Mui subida, muito acima
D'estimar nenhum galante;
Peço-vos eu,
E a Dona Isabel d'Abreu,
Que hajais dele piedade
C'o siso que Deus vos deu,
Que não morra de sandeu
Em tal idade.

Ó Santa Dona Maria
D'Ataide, fresca rosa,
Nascida, em hora ditosa,
Quando Júpiter se ria;
E se ajudar
Santa Dona Ana, sem par,
D'Eça bem-aventurada,
Podei-lo ressuscitar,

Que sua vida vejo estar
Desesperada.

Santas virgens conservadas
Em mui santo e limpo estado,
Socorrei ao namorado,
Que vós sejais namoradas.

VELHO
Oh! coitado!
Ai triste desatinado,
Ainda torno a viver;
Cuidei que já era livrado.

BRANCA
Qu'esforço de namorado
E que prazer!

Havede má hora aquela[35].

VELHO
Que remédio me dais vós?

BRANCA
Vivereis, prazendo a Deus,
E casar-vos-ei com ela.

VELHO
É vento isso.

BRANCA
Assim veja o paraíso,
Que não é ora tanto extremo.
Não curedes vós de riso,
Que se faz tão improviso
Como o demo:

---

[35] Isto é, "Que má hora foi aquela". (N. do E.)

E também d'outra maneira,
Se m'eu quiser trabalhar...

VELHO
Ide-lhe, rogo-vo-lo, falar,
E fazei com que me queira,
Que pereço;
E dizei-lhe que lhe peço
Se lembre que tal fiquei
Estimado em pouco preço:
E se tanto mal mereço
Não no sei.

E se tenho esta vontade,
Que não se deve enojar,
Mas antes muito folgar
Matar os de qualquer idade.
E se reclama
Que sendo tão linda dama
Por ser velho m'aborrece,
Dizei-lhe que mal desama,
Porque minh'alma, que a ama,
Não envelhece.

BRANCA
Sus, nome de Jesu Cristo,
Olhai-me pela cestinha.

VELHO
Tornai logo muito asinha,
Que eu pagarei bem isto.

(*Vai-se a alcoviteira e fica o Velho tangendo, e cantando a cantiga seguinte:*)

Pues tengo razon, señora,
Razon es que me la oiga.

(*Vem a alcoviteira e diz o Velho:*)

VELHO
Venhais embora, minha amiga.

BRANCA
Já ela fica de bom jeito;
Mas para isto andar direito,
É razão que vo-lo diga.
Eu já, senhor meu, não posso
Vencer uma moça tal
Sem gastardes bem do vosso.

VELHO
Eu lhe peitarei[36] em grosso.

BRANCA
Aí está o feito nosso,
E não em al.

Perca-se toda a fazenda
Por salvardes vossa vida.

VELHO
Seja ela disso servida,
Qu'escusada é mais contenda.

BRANCA
Deus vos ajude
E vos dê muita saúde,
Que isso haveis de fazer:
Que viola nem alaúde
Nem quantos amores pude
Não quer ver.

Remoçou-m'ela um brial
De seda e uns toucados[37].

---

[36] Pagarei. (N. do E.)
[37] Ou seja, "ela sugeriu que eu lhe desse presentes, um vestido de seda e toucados". (N. do E.)

VELHO
Eis aqui trinta cruzados;
Que lh'o façam mui real.

(*Enquanto a alcoviteira vai, o Velho torna a prosseguir seu cantar e tanger, e acabado, torna ela e diz:*)

BRANCA
Está tão saudosa de vós,
Que se perde a coitadinha:
Há mister uma vasquinha
E três onças de retrós.

VELHO
Tomai.

BRANCA
A benção de vosso pai.
(Bom namorado é o tal)
Pois que gastais, descansai:
Namorados de ai, ai,
Não são papa nem são sal.

Ui! tal fora se me fora!
Sabeis vós que m'esquecia?
Uma adela me vendia
Um firmal[38] d'uma senhora
C'um rubi,
Para o colo, de marfi,
Lavrado de mil lavores,
Por cem cruzados.

VELHO
Ei-los aí.

BRANCA
Isto má hora, isto sim,
São amores!

---

[38] Broche. (N. do E.)

(*Vai-se, e o Velho torna a prosseguir sua música, e acabado torna a alcoviteira e diz:*)

BRANCA
Dei má hora uma topada;
Trago as sapatas rompidas,
Destas vindas, destas idas,
E enfim não ganho nada.

VELHO
Eis aqui
Dez cruzados para ti.

BRANCA
(Começo com boa estréia.)

(*Vem um Alcaide com quatro beleguins, e diz:*)

ALCAIDE
Dona levantai-vos d'aí.

BRANCA
E que me quereis vós assim?

ALCAIDE
À cadeia.

VELHO
Senhores homens de bem,
Escutem vossas senhorias.

ALCAIDE
Deixai essas cortesias.

BRANCA
Não hei medo de ninguém:
Vistes ora?

ALCAIDE
Levantai-vos d'aí, senhora;

Dai ó demo esse rezar:
Quem vos fez tão rezadora?

BRANCA
Deixai-m'ora na má hora
Aqui acabar.

ALCAIDE
Vinde da parte d'el-Rei.

BRANCA
Muita vida seja a sua.
Não me leveis pela rua;
Deixai-me vós qu'eu m'irei.

VELHO
Sus, andar.

BRANCA
Onde me quereis levar?
Ou quem me manda prender?
Nunca havedes d'acabar
De me prender e soltar?
Não há poder.

ALCAIDE
Não se pode aí al fazer[39].

BRANCA
Está já a carocha aviada.
Três vezes fui já açoitada,
E enfim hei de viver.

(*Levam-na presa e fica o Velho dizendo:*)

VELHO
Oh! forte hora!

---

[39] Isto é, "Nada se pode fazer". (N. do E.)

Ah! Santa Maria Senhora!
Já não posso livrar bem;
Cada passo se empiora.
Oh! triste quem se namora
De ninguém!

(*Vem uma Mocinha à horta e diz:*)

MOÇA
Vedes aqui o dinheiro:
Manda-me cá minha tia,
Que assim como n'outro dia,
Lhe mandeis a couve e o cheiro.—
(*À parte.*) Está pasmado!

VELHO
Mas estou desatinado.

MOÇA
Estais doente, ou que haveis?

VELHO
Ai! não sei, desconsolado,
Que nasci desventurado.

MOÇA
Não choreis;

Mais malfadada vai aquela.

VELHO
Quem?

MOÇA
Branca Gil.

VELHO
Como?

MOÇA
Com cent'açoites no lombo,
E uma corocha por capela.
E ter mão[40];
Leva tão bom coração,
Como se fosse em folia.
Oh! que grandes que lh'os dão!

VELHO
E o triste do pregão
Por que dizia?

MOÇA
Por mui grande alcoviteira,
E para sempre degradada.
Vai tão desavergonhada,
Como ia a feiticeira.
E quando estava
Uma moça que casava
Na rua para ir casar,
E a coitada que chegava,
A folia começava
De cantar:

Uma moça tão formosa,
Que vivia ali à Sé...

VELHO
Oh! coitado! a minha é.

MOÇA
Agora má hora é vossa,
Vossa é a treva.
Mas ela o noivo a leva:
Vai tão leda e tão contente,
Uns cabelos como Eva.
Osadas que não se lhe atreve
Toda a gente.

---

[40] Isto é, "ter atenção". (N. do E.)

O noivo, moço tão polido,
Não tirava os olhos dela,
E ela dele. Oh! que estrela!
É ele um par bem 'scolhido.
Oh! roubado,
Da vaidade enganado,
Da vida e da fazenda!
Oh! velho, siso enleado,
Quem te meteu, desastrado,
Em tal contenda?

Se os jovens amores,
Os mais tem fins desastrados,
Que farão as cãs lançadas
No conto dos amadores!
Que sentias,
Triste velho, em fim dos dias,
Se a ti mesmo contemplaras,
Souberas que não sabias,
E viras como não vias,
E acertaras.

VELHO
Quero-m'ir buscar a morte,
Pois que tanto mal busquei.
Quatro filhas que criei,
Eu as pus em pobre sorte.
Vou morrer,
Elas hão de padecer,
Porque não lhes deixo nada
De quanta riqueza e haver
Fui sem razão despender
Mal gastada.

Farsa de "Quem tem farelos?"

INTRODUÇÃO

Gil Vicente: cronista e profeta*

ARY COELHO ABÍLIO*

Situação de *Quem tem farelos?* no conjunto da produção vicentina

Lidas as farsas de Gil Vicente, observa-se a existência de dois tipos de peças: um em que os quadros se sucedem sem relação entre o princípio e o fim e cujo episódio cômico corresponde a um flagrante na vida do personagem típico; outro, mais desenvolvido, em que já se estruturam as cenas no encaminhamento de uma trama, o que as classifica como "autos de enredo".

Quem tem farelos?, se não corresponde ao tipo menos desenvolvido, pode-se afirmar que é das farsas que expõem sua estrutura de enredo. Percebem-se nitidamente três momentos no seu desenrolar: primeiro, a conversa entre os dois moços a serviço dos escudeiros ou cavaleiros, Apariço e Ordonho; segundo, a exposição do escudeiro ou cavaleiro Aires Rosado e sua conversa, em casa, com Apariço e, na rua, com Isabel (o namoro); e terceiro, a intromissão da velha,

---

* Fonte: *Teatro profano de Gil Vicente*, Olga Pinheiro de Souza, Ary Coelho Abílio e Edna Tambori Calobrosi, Selinunte Editora, São Paulo, 1991.

** Ary Coelho Abílio é bacharel e licenciado em Letras e pós-graduado em Literatura Portuguesa pela Universidade de São Paulo. Tem desenvolvido seu trabalho docente junto às mais renomadas escolas particulares de São Paulo. Atualmente coordena o curso de Português e leciona no Pueri Domus, escola para a qual produziu o material didático de que ela hoje se utiliza.

mãe de Isabel, pondo Aires Rosado a correr da frente de sua casa e tentando convencer a filha a valorizar os trabalhos domésticos.

É interessante registrar a situação desta farsa na cronologia da obra de Gil Vicente. Datada de 1515, *Quem tem farelos?* é posterior à libertação da influência inicial do teatrólogo castelhano Juan del Encina, que dura até aproximadamente 1509, o que nos sinaliza para um amadurecimento e um despertar da individualidade do autor. Por outro lado, convém registrar que ainda não se encontra o autor no período mais concentrado de suas obras-primas: a *Farsa de Inês Pereira* é de 1523 e a *Farsa dos almocreves* data de 1527; ainda se pode declarar que os três autos das embarcações (do *Inferno*, do *Purgatório* e da *Glória*) e o *Auto da alma* são conhecidos entre 1517 e 1519. Convém salientar também o fato de *Quem tem farelos?* estar inserido na fase religiosa da produção vicentina, que só se encerra em 1520.

Aspecto formal

A estrutura

Estamos diante de uma farsa de estrutura bastante rudimentar: *Quem tem farelos?* apresenta-se à maneira de esquetes (correspondentes aos três momentos já mencionados), concebidos — quem sabe? — autonomamente e juntados em seguida, a fim de ganharem a condição de uma trama atraente para a encenação na corte. Existe relação entre eles, mas nota-se que apenas se justapõem um seguido ao outro (aliás, menos a última cena com a anterior do que a primeira com a segunda), os próprios personagens praticamente só conversam dois a dois.

Emprego do verso

A forma versificada sob a qual se apresenta o texto corresponde à maneira por que Gil Vicente atrai o público para a beleza, a densidade e a versatilidade de que a língua portuguesa já dispõe para o trabalho artístico. Levando-se em conta o fato de que o autor se apresenta diante de uma Corte formada em sua metade por castelhanos (as mulheres vinham de Castela), homenageie-se a coragem de seu nacionalismo por assim se portar.

O texto é lavrado em estrofes de oito versos (na verdade duas quadras acopladas), servidas de versos heptassílabos ou redondilhos com rimas externas interpoladas em cada quadra que compõe a oitava. Assim, observe a análise da estrofe que segue, tirada do início do texto:

	1 2 3 4 5 6 7	
APARIÇO	E / pre / su / me / de em / bi / ca / do,	a
	1 2 3 4 5 6 7	
	que / com / is / to / rai / vo / eu!	b
	1 2 3 4 5 6 7	
	Três / a / nos / há / que / sou / seu,	b
	1 2 3 4 5 6 7	
	e / num / ca / lhe / vi / cru / za / do	a
	1 2 3 4 5 6 7	
	Mas, / se / gun / do / nós / gas / ta / mos,	c
	1 2 3 4 5 6 7	
	um / tos / tão / nos / du / ra um / mês!	d
	1 2 3 4 5 6 7	
ORDONHO	Cuer / po / de / San...! / Que / co / mês?	d
	1 2 3 4 5 6 7	
APARIÇO	Nem / de / pão / não / nos / far / ta / mos!	c

As cantigas

Segundo o crítico português Marques Braga, "as cenas da Farsa são dum valor singular pelo quadro do namoro e pela referência às cantigas do século XVI". São cantigas com motes e voltas, exemplificando o poetar do seu tempo, que Gil Vicente insere no correr do texto, quando, enamorado, fala Aires Rosado à sua dama. Não se queiram mais, em pleno século XVI, encontrar elementos característicos exclusivamente das cantigas trovadorescas d'amigo ou d'amor. A cantiga, agora, é uma síntese resultante de todo o percurso de dois a três séculos no rumo do lirismo que Camões resgatará com a profundidade de seu platonismo à maneira de Petrarca, valorizando — na dimensão merecida — a tradição da poesia popular portuguesa de origem ibérica. Ressalte-se esta do texto, a título de exemplo:

(Outra sua, estando mal com sua dama:)

Senhora mana Isabel,
minha paixão e fadiga,
mando lá esse papel,
que vo-la diga.

(Volta:)

Se quiser dizer verdade,
dir-vos-á tantas paixões,
que em sete corações
não couberam a metade!
Estou c'oa candeia na mão,
senhora minha, Isabel...
Mando lá esse papel
que vos diga esta paixão.

O espaço

O espaço físico produz-se aberto, sem defesas, popular e, mais até, vulgar: o mercado. Lugar de concentração de pessoas de todo tipo, lugar de troca, seja de mercadorias, seja de informações, o mercado equivale ao ponto de contato não só da incipiente civilização urbana em si, como dela para com o campo e o mundo.

Socialmente estudado, o espaço de *Quem tem farelos?* envolve um lugar comum às várias categorias, o que, sob o prisma da corte, não deixa de indicar um local promíscuo e onde a privacidade das classes dominantes fica vulnerável. Veja-se a troca de informações de criado (Apariço) para criado (Ordonho) sobre seus respectivos amos. A elite, assim, torna-se assunto da plebe, objeto de suas reclamações. A peça não deixa de funcionar como um sinal de alerta para a própria corte com relação a seus serviçais.

No caso específico da dinastia para a qual Gil Vicente compôs, o mercado não é tão mal visto; ao contrário, trata-se da dinastia de Avis, que foi, na verdade, aquela a preparar Portugal para as conquistas do comércio internacional.

Não é só no mercado, no entanto, que transcorre a ação; também na rua, lugar de exposição, de manifestação do privativo ao público. Com efeito, o amor do escudeiro Aires Rosado declara-se na rua, em frente à janela da amada, e na rua igualmente ocorre a rejeição do namorado pela mãe da moça, que dali o escorraça.

O tempo

Em *Quem tem farelos?*, o tempo reflete a contemporaneidade na análise consciente e sinalizadora para a corte sobre o estágio decadente da Idade Média, por meio de dois de seus mais representativos indícios: a cavalaria e o amor cortês. De fato, isso demonstra uma visão crítica muito abrangente por parte do autor, visto que denuncia o fim de uma época de privilégios reservados aos integrantes de uma família nobre por serem integrantes de uma família nobre e anuncia a existência de um futuro de tônica mercantilista e pragmática que se abre para o mundo, calcada no esforço físico e mental do empreendedor comercial.

A linguagem

Um último aspecto a considerar encontra-se na linguagem. É desnecessário mencionar que a intenção primordial do autor concentra-se em fazer o seu público rir, não um riso barato, mas sim um riso conseqüente, no sentido da antiga fórmula latina do *ridendo, castigat mores* (rindo, criticam-se os costumes).

....

Aspecto ideológico

Cavalaria e mercantilismo

Em 1515, data da encenação de *Quem tem farelos?*, Portugal vivia os primeiros passos da administração de seu império comercial marítimo, conquistado a partir do século XIV. A concretização da mentalidade mercantilista pela dinastia governante eram favas contadas. Instituições como a cavalaria, largamente difundidas e plenamente justificadas pelo mundo medieval em seus embates das cruzadas, perderam o sentido real e político e ganharam um valor simbólico e histórico.

Por definição, no auge da instituição, a cavalaria obedecia a um código que obrigava o cavaleiro a servir a seu suserano, à religião cristã representada pela Igreja e à dama escolhida. Ao escudeiro reservavam-se funções de serviço do cavaleiro, que por ele é acompanhado a toda parte para a prestação de trabalhos gerais, como levar recados, limpar armaduras e servir à mesa.

Gil Vicente vive o momento da decadência da cavalaria e estava consciente de seu estado agônico, após tantas histórias e lendas a circular por terras portuguesas, como as do Rei Artur e seus Cavaleiros da Távola Redonda, da Demanda do Santo Graal e suas repercussões, do Amadis de Gaula e de tantos outros feitos e heróis. Assim sendo, Gil Vicente colabora com o epitáfio da cavalaria criando o diálogo inicial dos moços Apariço e Ordonho, na sua farsa *Quem tem farelos?*

Nesse aspecto (da zombaria à decadente cavalaria medieval), antecipa-se em quase um século ao celebrado Miguel de Cervantes, que, com *O engenhoso fidalgo D. Quixote de la Mancha*, enterra definitivamente uma tradição já então esgotada e sem razão de ser.

....

Enfim, estamos diante de um autor fascinante, pois, com o pouco de técnica aliado a uma abrangente e contemporânea significância, eterniza-se.

⊓

FARSA DE "QUEM TEM FARELOS?"

FIGURAS:

AIRES ROSADO — Escudeiro
APARIÇO e ORDONHO — Criados
VELHA — Mãe de Isabel
ISABEL

Este nome da farsa seguinte — Quem tem farelos? — pôs-lho o vulgo. É o seu argumento, que um escudeiro mancebo por nome Aires Rosado tangia viola, e a esta causa, ainda que sua moradia era muito fraca, continuamente era namorado. Trata-se aqui de uns amores seus. Foi representada na mui nobre e sempre leal cidade de Lisboa ao muito excelente e nobre Rei D. Manuel primeiro deste nome, nos Paços da Ribeira, era do Senhor de 1505.

Farsa de "Quem tem farelos?"

(*Vem Apariço e Ordonho, moços d'esporas[1], a buscar farelos, e diz logo:*)

APARIÇO
Quem tem farelos?

ORDONHO
¿Quién tiene farelos?

APARIÇO
Ordonho, Ordonho, espera a mim.
Ó fideputa ruim!
Sapatos tens amarelos[2],
Já não falas a ninguém.

ORDONHO
¿Como te va, compañero?

APARIÇO
S'eu moro c'um escudeiro,
Como me pode a mi ir bem?

---

[1] Rapazes que começam a trabalhar como cavalariços. (N. do E.)
[2] Isto é, "És importante". (N. do E.)

ORDONHO
¿Quién es tu amo? dí, hermano!

APARIÇO
É o demo que me tome:
Morremos ambos de fome
E de lazeira[3] todo ano.

ORDONHO
¿Con quién vive?

APARIÇO
Que sei eu?
Vive assi por aí pelado[4],
Como podengo escaldado.

ORDONHO
¿De qué sirve?

APARIÇO
De sandeu.
Pentear e jejuar,
Todo dia sem comer,
Cantar e sempre tanger,
Suspirar e bocejar:
Sempre anda falando só,
Faz umas trovas tão frias,
Tão sem graça, tão vazias,
Qu'é coisa para haver dó.

E presume d'embicado[5];
Que com isto raivo eu.
Três anos há que são seu,
E nunca lhe vi cruzado:
Mas segundo nós gastamos,
Um tostão nos dura um mês.

---

[3] Miséria. (N. do E.)
[4] Miserável. (N. do E.)
[5] Esperto. (N. do E.)

ORDONHO
¡Cuerpo de San! qué coméis?

APARIÇO
Nem de pão não nos fartamos.

ORDONHO
¿Y el caballo?

APARIÇO
Está na pele,
Que lhe fura já a ossada:
Não comemos quase nada
Eu e o cavalo, nem ele.
E se o visses brasonar,
E fingir mais d'esforçado;
E todo o dia aturado
Se lhe vai em se gabar.

St'outro dia, ali num beco,
Deram-lhe tantas pancadas,
Tantas, tantas, que a osadas[6]!...

ORDONHO
¿Y con qué?

APARIÇO
C'um arrocho seco.

ORDONHO
Hi hi hi hi hi hi hi.

APARIÇO
Folguei tanto!

ORDONHO
¿Y él calar?

---

[6] Seguramente. (N. do E.)

APARIÇO
E ele calar e levar,
Assi, assi, má hora assi.

Vem alta noite de andar,
De dia sempre encerrado:
Porque anda mal roupado,
Não ousa de se mostrar.
Vem tão ledo — *sus, cear!*
Como se tivesse que;
E eu não tenho que lhe dar,
Nem ele tem que lh'eu dê.

Toma um pedaço de pão,
E um rábano engelhado,
E chanta nele bocado[7],
Coma cão[8].
Não sei como se mantém,
Que não 'stá debilitado.

ORDONHO
¡Bástale ser namorado,
En demás se le va bien[9]!

APARIÇO
Comendo ó demo a mulher!
Nem casada nem solteira,
Nenhuma negra tripeira[10]
Não no quer.

ORDONHO
¿Será escudero peco[11],
O desdichado[12]?

---

[7] "Dá nele uma dentada." (N. do E.)
[8] Isto é, "devora o rábano como se fosse um cão". (N. do E.)
[9] Isto é, "Quanto ao resto, pouco se lhe dá". (N. do E.)
[10] Vendedora de tripa. (N. do E.)
[11] Tolo. (N. do E.)
[12] Desgraçado. (N. do E.)

APARIÇO
Mas, a poder de pelado,
Dá em seco[13]!

Todas querem que lhe dêem,
E não curam de cantar:
Sabe que quem tem que dar
Lhe vai bem.
Querem mais um bom presente.
Que tanger,
Nem trovar nem escrever
Discretamente.

ORDONHO
¿Y pues por qué estás con él?

APARIÇO
Diz que m'há de dar a el-Rei,
E tanto farei farei...

ORDONHO
Déjalo, reñiega dél;
¿Y tal amo has de tener?

APARIÇO
Bofá[14], não sei qual me tome;
Sou já tão farto de fome,
Coma outros de comer.

ORDONHO
Poca gente desta es flanca.
Pues el mio es repeor[15];
Suéñase muy gran señor,
Y no tiene media blanca[16].

---

[13] Em outras palavras: "Mas, em razão de estar sempre sem dinheiro, vive encalhado". (N. do E.)
[14] À boa-fé. (N. do E.)
[15] Muito pior. (N. do E.)
[16] Isto é, "E não tem meio tostão". (N. do E.)

Júrote á Dios que es un cesto[17],
Un badajo[18] *contrahecho,*
Galán mucho mal dispuesto,
Sin descanso y sin provecho.

Habla en roncas, picas, dalles[19]*,*
En guerras y desbaratos;
Y si pelean alli dos gatos,
Ahuirá montes y valles:
Nunca viste tal buharro[20]*.*
Cuenta de los Anibales,
Cepiones, Rozasvalles[21]*,*
Y no matará um jarro[22]*.*

Apuéstote que un judío
Con una beca lo mate.
Quando allende fué el rebate[23]*,*
Nunca él entró en navío.
Y quando está en la posada,
Quiere destruir la tierra.
Siempre suspira por guerra,
Y todo su hecho[24] *es nada.*

Y presume allá en palacio
De andar con damas el triste.
Quando se viste,
Toma das horas despacio;
Y quanto el cuitado lleva,
Todo lo lleva alquilado[25]*,*

---

[17] Ignorante. (N. do E.)
[18] Néscio. (N. do E.)
[19] Respectivamente partasanas, lanças, foices. (N. do E.)
[20] Fanfarrão. (N. do E.)
[21] Rocesvale. Trata-se do vale nos baixos Pirineus, lugar onde morreu Rolando, o herói da gesta de Carlos Magno. (N. do E.)
[22] "E não fará nada." (N. do E.)
[23] Isto é, "Quando além-mar se deu o ataque inimigo". (N. do E.)
[24] Feito. (N. do E.)
[25] Alugado. (N. do E.)

Y como se fuese comprado,
Ansí se enleva.

Y también apaña palos[26]
Como qualquier pecador;
Y sobre ser el peor,
Burla de buenos y malos.

APARIÇO
Pardeus, ruins amos temos:
Tem o teu mula ou cavalo?

ORDONHO
Mula seca como un palo;
Alquílala, y dahi comemos[27].

Mas mi amo tiene un bien —
Que aunque le quieran hurtar,
No ha hi de que sisar,
Ni el triste no la tien[28].

APARIÇO
É músico?

ORDONHO
Muy de gana.
Quando hace alguna mueca[29],
Canta como pata chueca,
Otras veces como rana.

APARIÇO
Meu amo tange viola:
Uma voz tão requebrada...

---

[26] *Apaña palos*: leva pauladas. (N. do E.)
[27] Isto é, "Aluga-a e com o dinheiro comeremos". (N. do E.)
[28] Ou seja, "O pobre nada tem que se lhe possa ser roubado". (N. do E.)
[29] Careta. (N. do E.)

ORDONHO
Quiérome ir a la posada.

APARIÇO
E os farelos?

ORDONHO
Paja sola.

APARIÇO
Mas vem comigo e verás
Meu amo como é pelado,
Tão doce, tão namorado,
Tão doido, que pasmarás.

ORDONHO
¿Como ha nombre tu señor?

APARIÇO
Chama-se Aires Rosado;
Eu chamo-lhe asno pelado,
Quanto me faz mais lavor[30].

ORDONHO
¿Aires Rosado se llama?

APARIÇO
Neste seu livro o lerás:
Escuta tu e verás
As trovas que fez à dama.

(*Anda Ayres Rosado só, passeando pela casa, lendo no seu cancioneiro desta maneira:*)

AYRES
*Cantiga d' Aires Rosado
À sua dama,*

---

[30] Isto é, "Quando me faz trabalhar mais". (N. do E.)

E não diz como se chama,
De discreto namorado.

Senhora, pois me lembrais,
Não sejais desconhecida,
E dai ó demo esta vida
Que me dais.

Ou m'irei ali enforcar,
E vereis mau pesar de quem,
Por vos querer grande bem,
Se foi matar.
Então lá no outro mundo
Veremos que conta dais
Da triste de minha vida
Que matais.

(*Outra sua:*)

Pois amor me quer matar
Com dor, tristura e cuidado,
Eu me conto por finado,
E quero-me soterrar.

Fui tomar uma pendença
Com uma cruel senhora,
E agora
Acho que foi pestelença[31].
Chore quem quiser chorar;
Saibam já que são finado
Sem finar,
E quero ser soterrado.

(*Outra sua, estando mal com sua dama:*)

Senhora mana Isabel,
Minha paixão e fadiga

---

[31] Pestilência. (N. do E.)

Mando lá esse papel
Que vo-la diga.

(*Volta:*)

Se quiser dizer verdade,
Dir-vos-á tantas paixões,
Que em sete corações,
Não caberão a metade.
Estou c'oa candeia na mão,
Senhora minha Isabel,
Mando lá esse papel.
Que vos diga esta paixão.
(*Fala Aires Rosado com o seu moço:*)
Como tardaste, Apariço!

APARIÇO
E tanto tardei ora eu?

AIRES
Apariço, bem sei eu
Que te faz mal tanto viço.

APARIÇO (*À parte:*)
E desd'ontem não comemos.

AIRES
Vilão farto, pé dormente.

APARIÇO
Ó Ordonho, como mente!

ORDONHO
Otro mi amo tenemos.

AIRES (*Canta:*)
Ré mi fá sol lá sol lá.

APARIÇO
Vês ali o que t'eu digo.

AIRES
Que diabo falas tu?
(*Canta:*)
Fá lá mi ré ut
(*Fala:*)
Não rosmeies[32] tu comigo.
(*Canta:*)
Un día, era un día.

APARIÇO
Oh! Jesu! que agastamento!

AIRES
Dá-me cá esse estromento[33].

APARIÇO
Oh! que coisa tão vazia!

AIRES
Agora qu'estou disposto,
Irei tanger à minha dama.

APARIÇO
Já ela estará na cama.

AIRES
Pois entonces é o gosto.

(*Tange e canta na rua à porta de sua dama Isabel, e em começando o cantor "Si dormis, doncella", ladram os cães.*)

CÃES
Au Au Au Au

---

[32] Resmungues. (N. do E.)
[33] Instrumento. (N. do E.)

AIRES
Apariço, mat'esses cães,
Ou vai dá-lhe senhos pães[34].

APARIÇO
E ele não tem meio pão.

AIRES
Si dormís, doncella,
Despertad y abrid.

APARIÇO
Ó diabo que t'eu dou,
Que tão má cabeça tens!
Não tem mais de dois vinténs,
Que lhe hoje o Cura emprestou.

(*Prossegue o Escudeiro a cantiga:*)

AIRES
Que venida es la hora,
Si queréis partir.

APARIÇO
Má partida venha por ti!
E o cavalo suar.

ORDONHO
¿Y no tienes que le dar?

APARIÇO
Não tem um maravedi[35].

(*Prossegue o Escudeiro a cantiga:*)

AIRES
Si estais descalza...

---

[34] Senhos pães: "um pão a cada um". (N. do E.)
[35] Moeda de baixo valor. (N. do E.)

APARIÇO
Eu má hora estou descalço.

AIRES
No cureis de vos calzar.

APARIÇO
Nem tu não tens que me dar,
Arrenego do teu paço.

AIRES
Que muchas agoas
Tenéis de pasar...

APARIÇO
Não j'eu; canta em teu poder[36],

AIRES
Ora andar[37].

APARIÇO
Antes de muito[38]:
Pois não espero outro fruito,
Caminhar.

AIRES (*Cantando:*)
Agoas d'Alquebir;
Que venida es la hora,
Si quereis partir.

(*Aqui lhe fala a moça da janela tão passo*[39] *que ninguém a ouve, e pelas palavras que ele responde se pôde conjeturar o que lhe ela diz:*)

---

[36] O sentido da frase é: "Eu é que não, enquanto estiver ao seu serviço". (N. do E.)

[37] Isto é, "Agora vai". (N. do E.)

[38] Isto é, "Não vou demorar". (N. do E.)

[39] Nesta frase significa "baixo", mas também tem outros sentidos: vagarosamente, passagem e discurso. (N. do E.)

Senhora, não vos ouço bem.
Oh! que vos faço eu aqui?
Que é, senhora? Eles a mi?
Não hei medo de ninguém.
Olhai, Senhora Isabel,
Inda que tragam charrua[40],
Eu só lhes terei a rua[41]
C'uma espada de papel.

Que são? que são?... rebolarias[42]?
E mais rides-vos de mi!
Eu por que m'hei d'ir daqui?
Faço-vos descortesias?
Mana Isabel, ouvis?
Eu que difamo de vós?
Oh! pesar nunca de Deus!
Vós tendes-me em dois ceitis.

Não sabeis que me digais?
Sabeis quê? Bem vos entendo.
Inda me não arrependo,
Com quanto mal me queirais.
Há aí mais que me perder?
Para que são tais porfias?
Bem dizeis; porém meus dias
Nisto hão de fenecer.

APARIÇO (*Baixo:*)
Dou-te ó demo essa cabeça;
Não tem siso por um nabo[43].

AIRES
Senhora, isso do cabo[44]
Me dizei antes qu'esqueça.

---

[40] Navio de guerra. (N. do E.)
[41] Isto é, "Sozinho defenderei a rua". (N. do E.)
[42] Palavreado. (N. do E.)
[43] Isto é, "Não tem juízo nenhum". (N. do E.)
[44] Do final. (N. do E.)

Mais resguardado está aqui
O meu grande amor fervente.
Que tendes?... um pé dormente?
Oh! que grão bem para mi?

Hi hi hi. De que me rio?
Rio-me de mil coisinhas,
Não já vossas, senão minhas.

APARIÇO
Olhai aquele desvario?

CÃES
Au au au au.

AIRES
Não ouço co'a cainçada[45]:
Rapaz, dá-lhe uma pedrada,
Ou farta'os eramá[46] de pão.

APARIÇO
Co'as pedras os ajude Deus.

CÃES
Au au au au.

AIRES
Pesar não de Deus c'os cães!
Rapazes, não lhe dais vós?
Senhora, não ouço nada.
Dou-me ó demo que me leve!

APARIÇO
Toda esta pedra é tão leve —
Tomai lá esta seixada[47].

---

[45] Cainça: ladrar de cães. (N. do E.)
[46] Em má hora. (N. do E.)
[47] Pedrada. (N. do E.)

CÃES
Au au au au.

APARIÇO
Perdoai-me vós, Senhor.

AIRES
Ora fizestes pior.
Ah! pesar de minha mãe!
Não vos vades, Isabel —
Está vossa mercê aí?
Nunca tal mofina vi
De cães: que som cruel!

Não há coisa que mais m'agaste,
Que cães e gatos também!

GATO
Miau miau.

AIRES
Oh! que bem!
Quant'agora m'aviaste!
Falai, Senhora, a esses gatos,
E não sejais tão sofrida[48],
Que antes queria a vida
Toda comesta de ratos[49].

Já tornais ao difamar?
Quem é o que fala nisso? —
Senhora, sabei que é um riso
Quanto podeis suspeitar.
Que tenham olhos e molhos[50]!

---

[48] Paciente. (N. do E.)
[49] O sentido dos dois últimos versos é: "Por falta de gatos, preferia que a vida fosse devorada por ratos". (N. do E.)
[50] O sentido destes últimos versos é: "Senhora, suas suspeitas são infundadas! Que seus olhos vejam à vontade". (N. do E.)

Vós andais p'ra me ferir,
Eu ando p'ra vos servir,
Mana, meus olhos,

Vós andais p'ra me matar. —
Mana Isabel, olhai:
Que o saiba vosso pai
E vossa mãe, hão de folgar;
Porq'um 'scudeiro privado...

APARIÇO
Mas pelado.

AIRES
Como eu sou,
E de parte meu avô
Sou fidalgo afidalgado.
Já privança com el-Rei[51],
A quem outrem vê nem fala.

APARIÇO
Deitam-no fora da sala.

AIRES
Senhora, com vosso pai falarei,
Lá depois d'acrescentado[52],
Não quero que me dêem nada.

APARIÇO
Oh! como será aviada,
E seu pai encaminhado!

AIRES
Que tenhais, que não tenhais,
Tenho mais tapeçaria,
Cavalos na estrebaria,

---

[51] Isto é, "Sou íntimo do rei". (N. do E.)
[52] Isto é, "Depois de aumentada a pensão recebida no palácio". (N. do E.)

Que não há na corte tais:
Vossa camilha[53] dobrada:
Não tendes em que vos ocupar,
Senão somente em fiar
Aljofre, já d'enfadada.

APARIÇO
Oh! Jesu! que mau ladrão!
Quer enganar a coitada.

AIRES
Ide ver se está acordada;
Que estas velhas pragas são.

GALO
Cacaracá — cacaracá.

AIRES
Meia-noite deve ser.

APARIÇO
Já fora razão comer[54],
Pois os galos cantam já.

AIRES (*Canta:*)
Cantan los gallos,
Yo no me duermo,
Ni tengo sueño.

Como! vossa mãe vem cá?
Cá à rua? para quê?
Não me dá, por minha fé;
Venha que aqui me achará.

VELHA
Rogo à Virgem Maria,
Quem me faz erguer da cama,

---

[53] Divã. (N. do E.)
[54] Ou seja, "Já está na hora de comer". (N. do E.)

Que má cama e má dama,
E má lama negra e fria.
Má mazela e má courela[55],
Mau regato e mau ribeiro,
Mau silvado e mau outeiro
Má carreira e má portela[56].

Mau cortiço e mau sumiço,
Maus lobos e maus lagartos,
Nunca de pão sejam fartos;
Mau criado e mau serviço,
Má montanha, má campanha,
Má jornada, má pousada,
Má achada, má entrada,
Má aranha, má façanha,

Má escrença[57], má doença,
Má doairo, má fadairo[58],
Mau vigairo, mau trintairo[59].
Má demanda, má sentença,
Mau amigo e mau abrigo,
Mau vinho e mau vizinho,
Mau meirinho e mau caminho,
Mau trigo e mau castigo;

Ira de monte e de fonte,
Ira de serpa[60] e de drago[61],
P'rigo de dia aziago
Em rio de monte a monte,
Má morte, má corte, má sorte,
Mau dado, mau fado, mau prado,
Mau criado, mau mandado,
Mau conforto te conforte.

---

[55] Terra para plantio. (N. do E.)
[56] Porteira. (N. do E.)
[57] Tumor. (N. do E.)
[58] Isto é, "Má figura, mau destino". (N. do E.)
[59] Trinta missas, trintena. (N. do E.)
[60] Serpente. (N. do E.)
[61] Dragão. (N. do E.)

Rogo às dores de Deus
Que má caída lhe caia,
E má saída lhe saia,
Trama lhe venha dos céus.
Jesu! que escuro que faz!
Oh! mártir São Sadorninho[62]!
Que má rua e mau caminho!
Cego seja quem m'isto faz.

Ui amara percudida[63],
Jesu, a que m'eu encandeio!
Esta praga donde veio?
Deus lhe apare negra vida.

AIRES (*Canta:*)
Por maio, era por maio.

VELHA
Ui, ui, que mau lavor[64]!
Quem é este rouxinol,
Picanço[65] ou papagaio?

Que má hora começaram
Os que má saída lhe saia!
I eramá cantar à praia[66]
Más fadas que vos fadaram!
A maldição de Madorra,
D'Abitão e d'Abirão,
E de minha maldição —
Oh! Santa Maria m'acorra!

---

[62] São Saturnino. (N. do E.)
[63] O sentido desta frase é: "Oh! vida infeliz e alquebrada pela velhice!" (N. do E.)
[64] O sentido desta frase é: "Ui, como canta mal!" (N. do E.)
[65] Certo tipo de ave. (N. do E.)
[66] O sentido desta frase é: "Vá, em má hora, cantar longe daqui". (N. do E.)

AIRES (*Canta:*)
Apartar-me-ão de vós,
Garrido amor.

VELHA
Má partida, má apartada,
Mau caminho, má estrada,
Mau lavor[67] te faça Deus.

AIRES (*Canta:*)
Eu amei uma senhora
De todo meu coração:
Quis Deus e minha ventura
Que não m'a querem dar não,
Garrido amor.

VELHA
Má cainça[68] que te coma,
Mau quebranto te quebrante
E mau lobo que t'espante.
Toma duas figas, toma.
Nunca a tu hás de levar.
Para bargante[69] rascão[70],
Que não te fartas de pão,
E queres musiquiar.

AIRES
Não me vos querem dare,
Ir-me-ei a tierras ajenas,
A chorar meu pesare,
Garrido amor.

VELHA
Vai-te ao demo com sua mãe,

---

[67] Má obra. (N. do E.)
[68] Ladrar dos cães. (N. do E.)
[69] Homem desavergonhado. (N. do E.)
[70] No caso significa mandrião, mas também tem outra acepção: criado. (N. do E.)

E dormirá a vizinhança.
Ó demo dou eu de ti a criança,
E esse[71] te cá aportou.

APARIÇO
Dizei-lhe que vá comer,
Qu'hoje não comeu bocado.

VELHA
Vai comer, homem coitado,
E dá ó demo o tanger.

E demais, se não tens pão,
Que má hora começaste,
Aprenderas a alfaiate,
Ou sequer a tecelão.

AIRES
Já vedes minha partida.
Os meus olhos já se vão;
Se se parte minha vida,
Cá me fica o coração.

(*Vai-se o Escudeiro, e fica a Velha dizendo à Filha:*)

VELHA
Isabel, tu fazes isto;
Tudo isto sai de ti.
Isabel, guar'-te[72] de mi,
Que tu tens a culpa disto.

ISABEL
Pois sim, eu o fui chamar?

VELHA
Ai! Maria, Maria Rabeja.

---

[71] Demo. (N. do E.)
[72] Guarda-te. (N. do E.)

ISABEL
Trama a quem o deseja,
Nem espera desejar.

VELHA
Que dirá a vizinhança?
Dize, má mulher sem siso!

ISABEL
Que tenho eu cá de ver co'isso?

VELHA
Como tens tão má criança!

ISABEL
Algum demo valho eu,
E algum demo mereço,
E algum demo pareço,
Pois que cantam pelo meu.

Vós quereis que me despeje,
Vós quereis que tenha modos,
Que pareça bem a todos
E ninguém não me deseje?
Vós quereis que mate a gente,
De formosa e avisada;
Quereis que não fale nada,
Nem ninguém em mim atente?
Quereis que cresça e que viva,
E não deseje marido;
Quereis que reine Cupido,
E eu seja sempre esquiva.
Quereis que seja discreta,
E que não saiba d'amores;
Quereis que sinta primores,
Mui guardada e mui secreta.

VELHA
Tomade-a lá! Ui, Isabel!
Quem te deu tamanho bico,

Rostinho de celorico?
És tu moça ou bacharel?
Não aprendeste tu assi
O verbo d'*anima Christe*[73].
Que tantas vezes ouviste.

ISABEL
Isso não é para mi.

VELHA
E pois quê?

ISABEL
Eu vo-lo direi.
Ir amiúde ao espelho,
E pôr do branco e vermelho,
E outras coisas que eu sei:
Pentear, curar de mi
E pôr a ceja[74] em direito;
E morder por meu proveito
Estes beicinhos assi.

Ensinar-me a passear,
Para quando for casada;
Não digam que fui criada
Em cima d'algum tear:
Saber sentir um recado,
Responder improviso
E saber fingir um riso
Falso e bem dissimulado.

VELHA
E o lavrar, Isabel?

ISABEL
Faz a moça mui malfeita,

---

[73] Christi. (N. do E.)
[74] Sobrancelha. (N. do E.)

Corcovada e contrafeita,
De feição de meio anel[75];
E faz muito mau carão,
E mau costume d'olhar.

VELHA
Ui! pois jeita-te ao fiar
Estopa, linho ou algodão,

Ou tecer, se vem à mão.

ISABEL
Isso é pior que lavrar.

VELHA
Enjeitas tu o fiar?

ISABEL
Que não hei de fiar não.
Eu sou filha de moleira?
Em roca me falais vós?
Ora assim salve Deus,
Que tendes forte cenreira[76].

VELHA
Aprende logo a tecer.

ISABEL
Então bolir c'o fiado:
Achais outro mais honrado
Ofício para eu saber?
Tecedeira viu alguém,
Que não fosse buliçosa,
Cantadeira, presuntuosa?
E não tem nunca vintém.

---

[75] Isto é, "De feitio de meio arco". (N. do E.)
[76] Teimosia. (N. do E.)

E quando lhe quebra o fio,
Renega coma beleguim.
Mãe, deixai-me vós a mim,
Vereis como m'atavio.
Isto vai sendo de dia,
Eu quero, mãe, almoçar.

VELHA
Eu te farei amassar.

ISABEL
Essa é outra fantasia!

(*E com isto se recolhem, e fenece esta primeira farsa.*)

Farsa chamada "Auto da Índia"

FARSA CHAMADA "AUTO DA ÍNDIA"

FIGURAS:

AMA
MOÇA
CASTELHANO
LEMOS
MARIDO

À farsa seguinte chamam Auto da Índia. Foi fundada sobre que uma mulher, estando já embarcado para a Índia seu marido, lhe vieram dizer que estava desaviado, e que já não ia; e ela de pesar está chorando. Foi feita em Almada, representada à muito católica Rainha D. Lianor, era de 1519.

Farsa chamada "Auto da Índia"

MOÇA
Jesu! Jesu! que é ora isso?
É porque se parte a armada?

AMA
Olhade a mal estreada[1]!
Eu hei de chorar por isso?

MOÇA
Por minh'alma, que cuidei
E que sempre imaginei
Que choráveis por noss'amo.

AMA
Por qual demo ou por qual gamo
Ali má hora chorarei?

Como me deixa saudosa!
Toda eu fico amargurada!

MOÇA
Pois por que estais anojada[2]?
Dizei-m'o por vida vossa.

---

[1] Desditosa. (N. do E.)
[2] Desgostosa. (N. do E.)

AMA
Deixa-me ora eramá[3],
Que dizem que não vai já.

MOÇA
Quem diz esse desconcerto?

AMA
Disseram-m'o por mui certo
Que é certo que fica cá.
O Concelos me faz isto.

MOÇA
S'eles já estão em Rastelo[4],
Como pode vir a pêlo[5]?
Melhor veja eu Jesu Cristo.
Isso é quem porcos há menos.

AMA
Certo é que bem pequenos
São meus desejos que fique.

MOÇA
A armada está muito a pique[6].

AMA
Arreceio al de menos[7].

Andei na má hora e nela
A amassar e biscoitar[8],
Para o demo o levar

---

[3] O sentido desta frase é: "Deixa-me agora, com os diabos!" (N. do E.)
[4] Trata-se do local, em Lisboa, de onde partiam os navios para as Índias. (N. do E.)
[5] Isto é, "Como é possível isso?" (N. do E.)
[6] Isto é, "O navio está para zarpar". (N. do E.)
[7] Ou seja, "Receio coisa de menos". (N. do E.)
[8] Entenda-se: a Ama fez o pão em forma de biscoito para durar bastante durante a viagem. (N. do E.)

À sua negra canela[9],
E agora dizem que não.
Agasta-se-m'o coração,
Que quero sair de mim.

MOÇA
Eu irei saber s'é assim.

AMA
Hajas a minha benção[10].

(*Vai a Moça e fica a Ama dizendo:*)

AMA
A Santo Antonio rogo eu
Que nunca m'o cá depare:
Não sinto quem não s'enfare[11]
Dum diabo Zebedeu.
Dormirei, dormirei,
Boas novas acharei.
São João no ermo estava,
E a passarinha cantava.
Deus me cumpra o que sonhei.

Cantando vem ela e leda.

MOÇA
Dai-me alvíssaras, Senhora,
Já vai lá de foz em fora.

AMA
Dou-te uma touca de seda.

---

[9] O sentido destes dois últimos versos é: "Para o marido (o demo) o levar à Índia, para onde está indo buscar canela". (N. do E.)
[10] Ou seja, "Vá com a minha bênção". (N. do E.)
[11] "Quem não se aborreça." (N. do E.)

MOÇA
Ou quando ele vier,
Dai-me do que vos trouxer.

AMA
Ali muitieramá[12]!
Agora há de tornar cá?
Que chegada e que prazer!

MOÇA
Virtuosa está minha ama!
Do triste dele hei dó.

AMA
E que falas tu lá só?

MOÇA
Falo cá co'esta cama.

AMA
E essa cama, bem, que há?
Mostra-m'essa roca cá:
Sequer[13] fiarei um fio.
Deixou-me aquele fastio
Sem ceitil.

MOÇA
Ali, eramá[14]!
Todas ficassem assi.
Deixou-lhe para três anos
Trigo, azeite, mel e panos.

AMA
Mau pesar veja eu de ti!
Tu cuidas que não t'entendo?

---

[12] Em muito má hora. (N. do E.)
[13] Pelo menos. (N. do E.)
[14] Em má hora. (N. do E.)

MOÇA
Que entendeis? ando dizendo
Que quem assi fica sem nada,
Coma vós, que é obrigada...
Já me vós is entendendo.

AMA
Ha ha ha ha ha ha!
Est'era bem graciosa[15],
Quem se vê moça e formosa
Esperar pela ira má[16].
I se vai ele a pescar
Meia légua pelo mar,
Isto bem o sabes tu;
Quanto mais a Calecu[17]:
Quem há tanto d'esperar?

Melhor, Senhor, sê tu comigo.
À hora de minha morte,
Qu'eu faça tão peca sorte.
Guarde-me Deus de tal p'rigo.
O certo é dar a prazer.
Para que é envelhecer
Esperando pelo vento?
Quant'eu por mui néscia sento
A que o contrário fizer.

Partem em maio daqui,
Quando o sangue novo atiça:
Parece-te que é justiça?
Melhor vivas tu amém,
E eu contigo também. —
Quem sobe por essa escada?

CASTELHANO
Paz sea en esta posada.

---

[15] Isto é, "Tinha muita graça!" (N. do E.)
[16] Má ventura. (N. do E.)
[17] Calecute: porto na Índia. (N. do E.)

AMA
Vós sois? cuidei que era alguém.

CASTELHANO
A según eso soy yo nada?[18]

AMA
Bem, que vinda foi ora esta?

CASTELHANO
Vengo aquí en busca mía,
Que me perdí en aquel día
Que os ví hermosa y honesta,
Y nunca mas me topé.
Invisible me torné,
Y de mí crudo enemigo;
El cielo, empero, es testigo
Que de mí parte no sé.

Y ando un cuerpo sin alma,
Un papel que lleva el viento,
Un pozo de pensamiento,
Una fortuna sin calma.
Pese al día en que nascí;
Vos y Dios sois contra mí,
E nunca topo el diablo.
¿Reis de lo que yo hablo?

AMA
Bem sei eu de que me ri.

CASTELHANO
Reísvos del mal que padezco,
Reísvos de mi desconcierto,
Reísvos que teneis por cierto
Que mirarvos non merezco.

---

[18] "Segundo isso eu não sou nada?" (N. do E.)

AMA
Andar embora.

CASTELHANO
O mi vida y mi señora,
Luz de todo Portugal,
Tenéis gracia especial
Para linda matadora.

Supe que vuestro marido
Era ido.

AMA
Ant'ontem se foi.

CASTELHANO
Al diablo que lo doy
El desastrado perdido.
¿Que más Índia que vos,
Que más piedras preciosas,
Que más alindadas cosas,
Que estardes juntos los dos?

No fué él Juan de Zamora.
Que arrastrado muera yo,
Si por quanto Dios crió
Os dejara media hora.
Y aunque la mar se humillara
Y la tormenta cesara,
Y el viento me obedeciera
Y el quarto cielo se abriera,
Un momento no os dejara.

Mas como evangelio es esto
Que la Índia hizo Dios,
Solo porque yo con vos
Pudiese pasar aquesto.
Y solo por dicha mía,
Por gozar esta alegría,
La hizo Dios descobrir:

Y no ha más que decir,
¡Por la sagrada Maria!

AMA
Moça, vai àquele cão,
Que anda naquelas tigelas.

MOÇA
Mas os gatos andam nelas.

CASTELHANO
¡Cuerpo del cielo con vos!
¡Hablo en las tripas de Dios,
Y vos habláisme en los gatos!

AMA
Se vós falais desbaratos,
Em que falaremos nós?

CASTELHANO
No me hagáis derrenegar,
Ó hacer un desatino.
¿Vós pensáis que soy divino?
Soy hombre y siento el pesar.
Trayo de dentro un león,
Metido en el corazón:
Tiéneme el alma dañada
Densangrentar esta espada
En hombres, que es perdición.

Ya Dios es importunado
De las almas que le embío;
Y no es en poder mío
Dejar uno acuchilado.
Dejé vivo allá en el puerto
Un hombrazo alto y tuerto,
Y despues fui lo encontrar;
Pensó que lo iba á matar,
Y de miedo cayó muerto.

AMA
Vós querieis ficar cá?
Agora é cedo ainda;
Tornareis vós outra vinda,
E tudo bem se fará.

CASTELHANO
¿A qué horas me mandáis?

AMA
Às nove horas e no mais.
E tirai uma pedrinha,
Pedra muito pequeninha,
À janela dos quintais.

Entonces vos abrirei
De muito boa vontade:
Pois sois homem de verdade
Nunca vos falecerei[19].

CASTELHANO
¿Sabéis que ganáis en eso?
¡El mundo todo por vueso!
Que aunque tal capa me veis,
Tengo más que pensaréis:
Y no lo toméis en grueso.

Bésoos las manos, señora,
Voyme con vuesa licencia
Mas ufano que Florencia.

AMA
Ide e vinde muit'embora.

MOÇA
Jesu! como é rebolão[20]!
Daí, dai ó demo o ladrão.

---

[19] Isto é, "Nunca faltarei à minha promessa". (N. do E.)
[20] Fanfarrão. (N. do E.)

AMA
Muito bem me parece ele.

MOÇA
Não vos fieis vós naquele,
Porque aquilo é refião.

AMA
Já lh'eu tenho prometido.

MOÇA
Muito embora, seja assi.

AMA
Um Lemos andava aqui
Meu namorado perdido.

MOÇA
Quem? o rascão[21] do sombreiro?

AMA
Mas antes era escudeiro.

MOÇA
Seria, mas bem safado:
Não suspirava o coitado
Senão por algum dinheiro.

AMA
Não é ele homem dess'arte.

MOÇA
Pois inda ele não m'esquece?
Há muito que não parece.

AMA
Quant'eu não sei dele parte.

---

[21] O vadio. (N. do E.)

MOÇA
Como ele souber a fé.
Que noss'amo aqui não é,
Lemos vos visitará.

LEMOS
Hou da casa!

AMA
Quem é lá?

LEMOS
Subirei?

AMA
Suba quem é.

LEMOS
Vosso cativo, senhora.

AMA
Jesu! tamanha mesura!
Sou rainha porventura?

LEMOS
Mas sois minha imperadora.

AMA
Que foi do vosso passear,
Com luar e sem luar,
Toda a noite nesta rua?

LEMOS
Achei-vos sempre tão crua[22],
Que vos não pude aturar.

Mas agora como estais?

---

[22] Cruel. (N. do E.)

AMA
Foi-se à India meu marido,
E depois homem nascido
Não veio onde vós cuidais;
E por vida de Costança[23],
Que se não fosse a lembrança...

MOÇA (*À parte:*)
Dizei já essa mentira.

AMA
Que eu vos não consentira
Entrar em tanta privança[24].

LEMOS
Pois agora estais singela,
Que lei me dais vós, senhora?

AMA
Digo que venhais embora.

LEMOS
Quem tira àquela janela?

AMA
Meninos que andam brincando,
E tiram de quando em quando.

LEMOS
Que dizeis, senhora minha?

AMA
Metei-vos nessa cozinha,
Que m'estão ali chamando.

---

[23] O nome da Ama. (N. do E.)
[24] Intimidade. (N. do E.)

CASTELHANO
Ábrame, vuesa merced,
Que estoy aqui à la verguenza;
Esto úsase Siguenza:
Pues prometéis, mantened.

AMA
Calai-vos muitieramá,
Até que meu irmão se vá
Dissimulai por aí entanto.
Ora vistes o quebranto?
Andar muitieramá!

LEMOS
Quem é aquele que falava?

AMA
O Castelhano vinagreiro.

LEMOS
Que quer?

AMA
Vem pelo dinheiro.
Do vinagre que me dava.
Vós quereis cá cear?
Eu não tenho que vos dar.

LEMOS
Vá esta moça à ribeira
E traga-a cá toda inteira,
Que toda s'há de gastar.

MOÇA
Azevias[25] trazerei?

---

[25] Um tipo de linguado. (N. do E.)

LEMOS
Dá ó demo as azevias:
Não compres, já m'enfastias.

MOÇA
O que quiserdes comprarei.

LEMOS
Traze uma quarta de cerejas
E um ceitil de breguigões[26].

MOÇA
Cabrito?

LEMOS
Tem mil barejas[27].

MOÇA
E ostras, trazerei delas?

LEMOS
Se valerem caras, não[28]:
Antes trazei mais um pão
E o vinho das Estrelas.

MOÇA
Quanto trazerei de vinho?

LEMOS
Três picheis deste caminho.

MOÇA
Dais-me um cinquinho[29], no mais?

---

[26] Moluscos. (N. do E.)
[27] Lêndea de varejeira. (N. do E.)
[28] Ou seja, "Se custarem caro, não traga". (N. do E.)
[29] Cinco reais. (N. do E.)

LEMOS
Toma aí mais dois reais.
Vai e vem muito improviso[30]. —
(*Canta:*) *Quem vos anojou*[31], *meu bem,*
Bem anojado me tem.

AMA
Vós cantais em vosso siso?

LEMOS
Deixai-me cantar, senhora.

AMA
A vizinhança que dirá,
Se meu marido aqui não 'stá,
E vos ouvirem cantar?
Que razão lhe posso eu dar,
Que não seja muito má?

CASTELHANO
Reniego de Marinilla:
¿Esto es burla, ó es burleta?
Queréis que me haga trombeta,
¿Que me oiga toda la villa?

AMA
Entrai-vos ali, senhor,
Que ouço o corregedor;
Temo tanto esta devassa:
Entrai vós ness'outra casa,
Que sinto grande rumor.

(*Chega à janela:*)

Falai vós passo[32], micer[32]

---

[30] Isto é, "Vai e volta logo". (N. do E.)
[31] Desgostou. (N. do E.)
[32] Baixo. (N. do E.)
[33] Meu senhor. (N. do E.)

CASTELHANO
Pesar ora de San Pablo,
¿Esto es burla ó es diablo?

AMA
Eu posso vos mais fazer?

CASTELHANO
¿Y aun en eso está aora
La vida de Juan de Zamora?
Son noches de Navidá,
Quiere amanecer ya,
Que no tardará media hora.

AMA
Meu irmão cuidei que s'ia.

CASTELHANO
Ah! señora, ireísvos vós.
¡Ábrame, cuerpo de Dios!

AMA
Tornareis cá outro dia.

CASTELHANO
Asosiega corazón,
Adormiéntate, león,
No eches la casa en tierra,
Ni hagas tan cruda guerra,
Que mueras como Sansón,

Esta urla es de verdad,
Por los huesos de Medea,
Sino que arrastrado sea
Mañana por la ciudad;
Por la sangre soberana
De la batalha trojana,
Y juro à la casa santa...

AMA
Para qu'é essa jura tanta?

CASTELHANO
¿Y aun vos estáis ufana?

Quiero destruir el mundo,
Quemar la casa, es la verdad,
Después quemar la ciudad;
Señora, en esto me fundo.
Después si Dios me dijere,
Quando allá con él me viere,
Que por sola una mujer...
Bien sabré que responder,
Quando a ello veniere.

AMA
Isso são rebolarias.

CASTELHANO
Séame Dios testigo,
Que vos veréis lo que digo,
Antes que pasen tres días.

AMA
Má viagem faças tu
Caminho de Calecu,
Praza à Virgem consagrada.

LEMOS
Que é isso?

AMA
Não é nada.

LEMOS
Así viva Berzabu.

AMA
I-vos embora, senhor,

Que isto quer amanhecer.
Tudo está a vosso prazer,
Com muito dobrado amor.
Oh! que mesuras tamanhas!

MOÇA
Quantas artes, quantas manhas,
Que sabe fazer minha ama!
Um na rua, outro na cama!

AMA
Que falas? que t'arreganhas?[34]

MOÇA
Ando dizendo entre mi,
Que agora vai em dois anos
Que eu fui lavar os panos
Além do chão d'Alcami;
E logo partiu a armada
Domingo de madrugada.
Não pode muito tardar
Nova[35] se há de tornar
Noss'amo para a pousada.

AMA
Asinha[36].

MOÇA
Três anos há
Que partiu Tristão da Cunha[37].

AMA
Cant'eu ano e meio punha.

---

[34] "Por que estás rindo?" (N. do E.)
[35] Notícia. (N. do E.)
[36] Depressa. (N. do E.)
[37] Trata-se do comandante português cuja armada foi para as Índias no ano de 1506, retornando a Portugal em 1508. (N. do E.)

MOÇA
Mas três e mais haverá.

AMA
Vai tu comprar de comer.
Tens muito para fazer,
Não tardes.

MOÇA
Não, senhora;
Eu virei logo nessora,
Se m'eu lá não detiver. (*Sai*.)

AMA
Mas que graça, que seria,
Se este negro meu marido
Tornasse a Lisboa vivo
Para minha companhia!
Mas isto não pode ser;
Qu'ele havia de morrer
Somente de ver o mar.
Quero fiar e cantar,
Segura de o nunca ver.

MOÇA
Ai! senhora! venho morta:
Noss'amo é hoje aqui.

AMA
Má nova venha por ti,
Perra[38] excomungada torta.

MOÇA
A Garça[39], em que ele ia,
Vem com mui grande alegria;
Por Rastelo entra agora.

---

[38] Cadela. (N. do E.)
[39] Nome da embarcação na qual partiu o marido da Ama. (N. do E.)

Por vida minha, senhora,
Que não falo zombaria.

E vi pessoa que o viu
Gordo, que é para espantar.

AMA
Pois, casa, se t'eu caiar,
Mate-me quem me pariu.
Quebra-me aquelas tigelas
E três ou quatro panelas,
Que não ache que comer.
Que chegada e que prazer!
Fecha-me aquelas janelas;

Deita essa carne a esses gatos;
Desfaze toda essa cama.

MOÇA
De mercês está minh'ama;
Desfeitos estão os tratos.

AMA
Por que não matas o fogo?

MOÇA
Raivar, que este é outro jogo.

AMA
Perra, cadela, tinhosa,
Que rosmeas[40], aleivosa?

MOÇA
Digo que o matarei logo[41].

AMA
Não sei para que é viver.

---

[40] Resmungas. (N. do E.)
[41] Isto é, que apagará logo o fogo. (N. do E.)

MARIDO
Oulá.

AMA
Ali má hora, este é. —
Quem é?

MARIDO
Homem de pé.

AMA
Gracioso se quer fazer. —
Subi, subi para cima.

MOÇA
É noss'amo: como rima![42]

AMA
Teu amo! Jesu! Jesu!
Alvíssaras pedirás tu.

MARIDO
Abraçai-me minha prima[43].

AMA
Jesu! tão negro e tostado!
Nos vos quero, não vos quero.

MARIDO
E eu a vós si, porque espero
Serdes mulher de recado[44].

AMA
Moça, tu que estás olhando?
Vai muito asinha saltando,

---

[42] Isto é, "Como chega a tempo!" (N. do E.)
[43] Tratamento carinhoso. (N. do E.)
[44] Mulher de recado: mulher recatada. (N. do E.)

Faze fogo e vai por vinho,
E a metade dum cabritinho,
Enquanto estamos falando.

Ora como vos foi lá?

MARIDO
Muita fortuna passei...

AMA
E eu oh! quanto chorei,
Quando a armada foi de cá!
E quando vi desferir,
Que começaste de partir,
Jesu! eu fiquei finada;
Três dias não comi nada,
A alma se me queria sair.

MARIDO
E nós cem léguas daqui
Saltou tanto sudueste,
Sudueste e oes-sudueste,
Que nunca tal tormenta vi.

AMA
Foi isso à quarta-feira,
Aquela logo primeira?

MARIDO
Si; e começou n'alvorada.

AMA
E eu fui-me de madrugada
A nossa Senhora d'Oliveira.

E co'a memória da cruz
Fiz-lhe dizer uma missa,
E prometi-vos em camisa
A Santa Maria da Luz:
E logo à quinta-feira

Fui-me ao 'Spírito Santo
Com outra missa também;
Chorei tanto que ninguém
Nunca cuidou ver tal pranto.

Correste aquela tormenta? —
Andar[45].

MARIDO
Durou-nos três dias.

AMA
As minhas três romarias
Com outras mais de quarenta.

MARIDO
Fomos na volta do mar
Quase quase a quartelar:
A nossa Garça voava,
Que o mar s'espedaçava.

Fomos ao rio de Meca[46],
Pelejamos e roubamos,
E muito risco passamos
À vela, e árvore seca.

AMA
E eu cá esmorecer,
Fazendo mil devações,
Mil choros, mil orações.

MARIDO
Assi havia de ser.

AMA
Juro-vos que de saudade
Tanto de pão não comia

---

[45] "Continuai." (N. do E.)
[46] Mar Vermelho. (N. do E.)

A triste de mi cada dia.
Doente, era uma piedade.
Já carne nunca comi:
Esta camisa que trago
Em vossa dita a vesti,
Porque vinha bom mandado.

Aonde não há marido
Cuidai que tudo é tristura,
Não há prazer nem folgura;
Sabei que é viver perdido.
Alembrava-vos eu lá?

MARIDO
E como!

AMA
Agora, aramá:
Lá há índias mui formosas;
Lá farieis vós das vossas
E a triste de mi cá.

Encerrada nesta casa,
Sem consentir que vizinha
Entrasse por uma brasa,
Por honestidade minha.

MARIDO
Lá vos digo que há fadigas,
Tantas mortes, tantas brigas,
E p'rigos descompassados,
Que assi vimos destroçados.
Pelados como formigas.

AMA
Porém vindes muito rico?

MARIDO
Se não fora o capitão,
Eu trouxera meu quinhão

Um milhão vos certifico.
Calai-vos que vós vereis
Quão louçã haveis de sair.

AMA
Agora me quero eu rir
Disso que me vós dizeis.

Pois que vós vivo viestes,
Que quero eu de mais riqueza?
Louvada seja a grandeza
De vós, Senhor, que m'o trouxestes.
A nau vem bem carregada?

MARIDO
Vem tão doce embandeirada!

AMA
Vamo-la, rogo-vo-lo, ver.

MARIDO
Far-vos-ei nisso prazer?

AMA
Si, que estou muito enfadada.

(*Vão-se a ver a nau, e fenece esta farsa.*)

Ato de moralidade composto per Gil Vicẽte. Por contemplaçẽ da sereníssima z muyto catholica raynha dona Lianor nossa señora: z representada per seu mãdado ao poderoso prĩcipe z muy alto rey dõ Manuel primeyro de portugal deste nome. Começa a declaraçã z argumẽto da obra. ¶ Primeyramente no presente auto se segura que no põto q̃ acabamos despirar chegamos supitamente a huũ rio: ho qual per força auemos de passar: em huũ de dous batees q̃ naquelle porto está. s. huũ delles passa pera ho parayso: z ho outro pa ho inferno: os q̃es batees tem cada huũ seu arraez na proa: ho do parayso huũ anjo: z ho do inferno huũ arraez infernal z huũ companheyro. Do primeyro entrelocutor he huũ fidalgo que chegua cõ huũ page q̃ lhe leua huũ rabo muy comprido z huũa cadeyra despaldas. E começa ho arraez do inferno desta maneyra ante que ho fidalguo venha.

DADOS BIOGRÁFICOS

Gil Vicente*

MARIA EMÍLIA SIMÕES ASSUNÇÃO

De Gil Vicente, o que sabemos com certeza é que existiu e escrevia os autos a el-Rei, orientando as festividades e divertimentos da corte.

Um enigma

A data indicada para o seu nascimento varia conforme os autores. Braamcamp Freire supõe que Gil Vicente teria nascido em 1460. Brito Rebelo levanta a hipótese de ter ele nascido entre 1470 e 1475. Por sua vez Queirós Veloso opta pelo ano de 1465 — opinião que parece reunir mais probabilidades. Infelizmente não temos dados autobiográficos suficientemente seguros para definir a

---

*Fonte: Editorial Verbo, *Gigantes da literatura universal*, coordenação de Antônio Manuel Costa Viana, Lisboa, Portugal, 1972.

questão: se nos basearmos em passos da obra vicentina em que parecem encontrar-se indicações de tal tipo, somos conduzidos a conclusões diferentes. Segundo os dados do *Velho da horta*, Gil Vicente teria nascido em 1452, enquanto a *Floresta de enganos* nos conduz à data de 1470 e o *Auto da festa* sugere data anterior a 1467. Essas contradições não permitem, pois, solucionar satisfatoriamente o problema, ainda que de um modo geral se concorde com a data de 1465, oficialmente sancionada com as comemorações do V Centenário do Nascimento de Gil Vicente (1965). Outro problema é o da naturalidade. Inicialmente, três cidades eram apontadas como possível berço do trovador: Barcelos, Guimarães e Lisboa. Frei Pedro de Poiares defendia Barcelos como terra de origem do poeta, mas verificou-se já ser deficientemente fundamentada essa asserção. O largo emprego de terminologia dialetal beirã levou outros autores a admitir a possibilidade de se situar o seu berço em terras da Beira. Contudo, outras vozes se erguem para contestar tal afirmação, partindo do fato de o espírito de Gil Vicente não se filiar no tipo psicológico peculiar àquela província — argumento este que tem impressionado muitos espíritos, embora seja de fato a região da Beira a mais retratada na obra vicentina, quer pelos topônimos, quer pelos dialetos e falares. Outra hipótese, defendida por Pires de Lima, faz Gil Vicente natural de Guimarães, freguesia de Chãs de Tavares (Mangualde). Guimarães, pátria da joalharia portuguesa, tem por esse fato encanto especial como berço do poeta para aqueles que defendem a sua identificação com o ourives. Todas essas hipóteses, porém, não passam de conjeturas.

Uma questão em aberto

A questão da identificação ourives-poeta foi levantada por Teófilo Braga, em 1873, no artigo "Gil Vicente e a custódia de Belém" (revista *Artes e Letras*, vol. II), em que defende entusiasticamente a identificação dos dois gênios artísticos. Voltará a lutar por essa tese na revista *O positivismo*, alguns anos depois, com o artigo "Gil Vicente, Ourives e Poeta", que ressurge, com algumas alterações, nas "Questões de literatura e arte portuguesa" (1881). Entretanto, já a sua posição sofrera controvérsia: em 1880, Camilo Castelo Branco, em *O comércio português*, e Brito Rebelo, na revista *Ocidente*, com o artigo "A custódia do convento dos Jerónimos", pronunciam-se pela dualidade, não aceitando a associação do mestre da balança ao trovador. Camilo publicará ainda (1881) "Gil Vicente, embargos à fantasia do sr. Teófilo Braga" (em *História e sentimentalismo*), cujo título é por si só bastante elucidativo. Em 1894, Sanches de Baena pretende, com o opúsculo *Gil Vicente*, solucionar a questão, apresentando a genealogia amplamente documentada de dois homônimos, obra essa que impressionará Teófilo Braga — de tal modo que passa a defender vigorosamente a existência do poeta e do ourives como pessoas distintas, como faz na obra *Gil Vicente e as origens do teatro nacional* (1898).

Embora Brito Rebelo, apoiando-se em documentos encontrados na Torre do Tombo, demonstre (*Ementas históricas*, II, Gil Vicente) a inconsistência dos argumentos de Sanches de Baena, destruindo a sua paciente construção genealógica, Teófilo Braga não deixará de recorrer à dupla genealogia para defender a tese dualista.

Uma e outra posição têm defensores e detratores, ainda que atualmente a tendência mais geral seja para dissociar o escritor do artífice, tanto mais que Gil Vicente seria nome vulgar na época.

Gil Vicente casou com Branca Bezerra, nascendo deste casamento dois filhos: Gaspar, morto em 1519, e Belchior, nascido em 1505. Viúvo, casa com Melícia Roiz, e têm três filhos: Paula Vicente (1519-1576), Luís Vicente e Valéria.

O ouro e a palavra

Uma carta de D. Manuel, datada de 4 de fevereiro de 1513, nomeia Gil Vicente, ourives, mestre da balança da Casa da Moeda de Lisboa. Outro documento firmado por D. Manuel, este datado de março de 1516 e dirigido à Câmara de Lisboa, se refere a Gil Vicente. Nele recomenda el-Rei aos vereadores que ouçam Gil Vicente, mestre da balança, acerca de certos apontamentos que lhe tinham entregue para apresentar ao monarca.

Representante da bandeira dos ourives na Casa dos Vinte e Quatro (1512), já antes fora nomeado vedor de todas as obras de ouro e prata a fazer para o Convento de Tomar, para o Mosteiro de Nossa Senhora de Belém e para o Hospital de Todos-os-Santos, de Lisboa.

De Gil Vicente, o que sabemos com certeza é que existiu e escrevia os autos a el-Rei. Sabemos ainda a data da primeira representação de algumas das suas obras. A sua carreira teatral inicia-se com o *Auto da visitação*, representado a 8 de junho de 1502, na câmara da "muito esclarecida Rainha Dona Maria", por ocasião do nascimento do príncipe, futuro D. João III de Portugal. E tanto agradou aos reais espectadores — D. Manuel, D. Leonor (a rainha viúva de D. João II), D. Beatriz, mãe de ambos, e D. Maria, esposa de D. Manuel — que a Rainha Velha pediu ao autor que o repetisse nas matinas do Natal "endereçado ao nascimento do Redentor". E Gil Vicente, "porque a substância era mui desviada", escreveu outra obra, o *Auto pastoril castelhano*, para essa ocasião. E assim deu Mestre Gil os primeiros passos como dramaturgo: durante largos anos continuaria a escrever os seus autos e a orientar as festividades e divertimentos da corte, ao longo do reinado de D. Manuel e parte do de D. João III.

Todo o sonho do Oriente passa por Lisboa

Quando Gil Vicente representa o primeiro auto, já os caminhos da Índia estão abertos, desde que, em maio de 1498, Vasco da Gama atingiu Calecute, enquanto o Brasil figura nas cartas portuguesas desde 1500: é o auge dos Descobrimentos, a coroação de quase um século de esforços. De África e do Oriente vêm todos os produtos de que a Europa faz um consumo cada vez maior: as especiarias, as madeiras preciosas, as jóias suntuosas, ouro e prata em bruto, magníficas gemas, sedas, brocados, perfumes, marfim... Todo o sonho do Ocidente passa por Lisboa, e a corte de Portugal é certamente a mais exótica de toda a Europa, com o seu toque de Mil-e-Uma-Noites, os representantes de raças longínquas, as preciosidades acumuladas, os embaixadores vindos das mais "desvairadas partes", e também com o mistério que envolvia toda a navegação, segundo a real política de sigilo. Os espiões pululavam, sobretudo de Veneza, a orgulhosa e bela pérola do Adriático, que Lisboa destituíra do seu papel comercial de medianeira entre o Oriente e o Ocidente. Em vão procuravam os venezianos acesso a mapas e informações. Em vão, também, procuravam insinuar-se junto dos enviados do Oriente que Vasco da Gama trouxera consigo. D. Manuel continua a manter o monopólio do Oriente. Manda armada após armada, não só para negociar mas também para assegurar o domínio português sobre as regiões convenientes. Em 1505, parte D. Francisco de Almeida: é o primeiro vice-rei da Índia. Durante três anos, ergue fortalezas na costa oriental da África (Quíloa, Mombaça) e na Índia (Angediva, Cochim, Cananor). Trava violentas batalhas com os turcos, chefiados pelo sultão do Egito e apoiado por Veneza, a rival sem par: os portugueses, derrotados em Chaul (1508), vencem em Dio (1509), garantindo com esta vitória a sua supremacia comercial.

O segundo vice-rei (1509) é Afonso de Albuquerque: conquista Goa (1510), da qual faz capital do império, e Malaca (1511). Assegura assim o domínio de toda a costa asiática, do Mar Vermelho a Malaca: o império português é uma sólida realidade no Oriente, embora não por muitos anos. Inteligentemente, Albuquerque não se contenta com a vitória das armas: ganhou a guerra, trabalhará por ganhar a paz. A sua grande preocupação é o estreitamento dos laços entre portugueses e nativos. Para tal, reorganiza a administração, concedendo aos indígenas o uso das suas antigas leis e costumes. Entendendo que os portugueses devem "ser vizinhos e não hóspedes", favorece os casamentos entre os seus homens e as jovens locais, pretendendo assim não só incentivar a sua fixação no Oriente, mas também criar um ambiente de proximidade e confiança entre ocidentais e orientais. Albuquerque sabe que a maior força dos grandes impérios está no homem do povo e na coesão dos elementos desse mesmo povo, esquecidos de diferenças étnicas ou outras, e tem a força necessária para estabelecer os meios que lhe permitam alcançar os seus objetivos — e isso mal grado o ambiente azedo e envenenado de intrigas que pouco a pouco se vai tecendo à sua volta, atinge o rei e vem a provocar o afastamento do grande vice-rei, que morre "de mal com os homens por amor d'el-Rei, de mal com el-Rei por amor dos homens". Entretanto, o tráfego comercial desenvolvera-se em rápido crescendo. As grandes naus fazem-se aos mares do Oriente para regressar carregadas de preciosidades — demasiado carregadas, até. Muitas são as que se afundam por causa do excesso de carga que as torna dificilmente manobráveis na tempestade. É um sangradouro de vidas e bens, mas os perigos não assustam ninguém: todos querem partir para o Levante, a misteriosa e prometedora pátria da "árvore das patacas", onde a fortuna é tão fácil de conseguir — miragem deslumbrante a que ninguém resiste, se os meios lhe permitem lançar-se na empresa. Todo este movimento exige a criação de organismos adequados para realizar o escoamento dos produtos. Em Lisboa cria-se a "Casa da Índia", o grande centro das transações comerciais e de todos os assuntos respeitantes a esse lendário Oriente, finalmente atingido.

No norte da Europa, a Feitoria da Flandres, cuja existência remonta a D. João I, funciona então como verdadeira agência da "Casa da Índia", alargando a sua já vasta projeção.

Lisboa é um formigueiro de gente, testemunhado e relatado por numerosos estrangeiros atraídos pela sua imensa riqueza. Todos lucram dessa chuva de ouro, desde a família real ao mais simples súdito. O dinheiro abunda, e ninguém quer perder a oportunidade... os negócios florescem, alguns não muitos recomendáveis — podemos imaginar como seria lucrativa a profissão de Brízida Vaz, alcoviteira indigitada por Mestre Gil para a *Barca do inferno*. Há a contrapartida de toda esta fartura: o reino que se despovoa dos seus naturais, a sangria de vidas desata no Oriente, as mulheres que ficam, enquanto os maridos partem impelidos pela miragem reluzente do Levante, os campos abandonados, a situação desprivilegiada do camponês. Porém, esses são problemas que então ainda não pesam — só com o correr dos anos se acentuarão de forma a tornarem-se palpáveis, e de qualquer modo ninguém quer pensar neles, por enquanto: a única preocupação é aproveitar ao máximo esse maná dourado.

E a África?

Primeiro campo de expansão e descoberta dos portugueses, existem amistosas relações comerciais, culturais e até religiosas com os reinos e tribos da faixa equatorial da costa ocidental. Do Congo, da Gâmbia, do Senegal, vêm coloridas e faustosas embaixadas à corte portuguesa e D. Manuel é mesmo invocado como árbitro de querelas entre reinos africanos.

Mercadores, missionários, cosmógrafos, exploradores: portugueses internando-se pelo continente, procurando conhecê-lo, estabelecer mapas, organizar vias de comércio, converter à fé cristã, levar civilização e cultura, criar laços de amizade e boa vizinhança. Fazem-se, da parte de el-Rei, visitas de cortesia aos monarcas locais, a quem os embaixadores portugueses respeitosamente beijam a mão, joelho em terra, rendendo homenagem à sua condição real.

A mais honrada e mais rica embaixada

O comércio é altamente rendoso: marfim, pimenta, malagueta, ouro, peles e infelizmente escravos, chaga já velha da África, que o século XVI manterá aberta sem quaisquer escrúpulos de consciência, nem dos europeus nem dos africanos, uns e outros interessados no lucro e atribuindo ao sórdido negócio "vantagens morais" para os negros assim subtraídos à sua condição humana. Com a África setentrional, dominada por muçulmanos, as relações de Portugal são bem diferentes. O Egito, prejudicado com a mudança de rotas comerciais operada pelos portugueses, inquietava-se, consternado com o novo rumo dos acontecimentos. Ameaças de represálias sobre os lugares santos e os cristãos da Terra Santa, projetos de guerra, intrigas, tentativas várias do sultão do Egito, goradas umas após outras. D. Manuel chega a acalentar um projeto de cruzada geral contra os turcos, que não chega a concretizar-se mal grado o apoio prometido por alguns soberanos europeus, nomeadamente Henrique VII da Inglaterra e Fernando de Aragão. Em 1513 realiza-se uma expedição contra Azamor, que é conquistada: é então que Gil Vicente escreve a vibrante *Exortação à guerra*, espelho do entusiasmo suscitado pela "Guerra Santa". Os feitos militares portugueses, tanto em Azamor como no Oriente, onde Albuquerque — depois de D. Francisco de Almeida — acumula sucessos, impressionam fortemente a Europa. D. Manuel resolve aproveitar essa hora favorável para um pouco de publicidade: a 12 de março de 1514 entra em Roma uma grandiosa embaixada, sob a presidência de Tristão da Cunha. A magnificência de trajes dos embaixadores deslumbraram não menos que a onça de caça e o elefante ricamente adornados que se integravam na comitiva, não falando nos riquíssimos presentes transportados num cofre pelo elefante. "A mais honrada e mais rica embaixada que nunca entrou em Roma" leva aos píncaros o prestígio de D. Manuel, cuja proteção e mecenato é solicitada por artistas, monges, cavaleiros de toda a Europa. Na sua corte florescem as artes e as letras: Sá de Miranda, Bernardim Ribeiro, Garcia de Resende distinguem-se entre os poetas. E, claro, também o nosso trovador mestre Gil, o inovador, sempre presente em todos os momentos da vida palaciana: nas horas festivas, mas também nas horas amargas, como a morte de el-Rei D. Manuel (1521), acerca da qual escreveu umas trovas e um romance.

Acompanha a corte nas suas deslocações por todo o país, organizando representações nas diversas localidades. Lisboa, Tomar, Almada, Odivelas, Almeirim, Évora, Coimbra: onde se encontra a corte, encontra-se Gil Vicente com os seus autos, rindo e fazendo rir, pensando e fazendo pensar. E até em Bruxelas, mais precisamente na casa do embaixador português, D. Pedro Mascarenhas, se representa um auto vicentino, o *Jubileu de Amores* (1531), infelizmente perdido.

Na coroação de D. João III (1521), Gil Vicente lá se encontra entre a assistência,

Do teatro tão alongado
Que via beijar-lhe a mão
Mas não ouvia o falado.

Em 1526, tem ele ocasião de organizar a despedida de D. Isabel, infanta de Portugal, que parte para Castela, tendo casado com o imperador Carlos V; representa então o *Templo de apoio*. Em 1527, escreve a *Nau de amores*, cuja representação é integrada nas festas da entrada em Lisboa de D. Catarina, esposa de D. João III. Em 1532, nova festa a assinalar: nasce o infante D. Manuel, e em honra de tal sucesso surge a farsa chamada *Auto da Lusitânia*.

Se em D. Manuel tinha Gil Vicente um protetor certo, em D. João terá mais que um mecenas: um verdadeiro amigo, a quem poderá escrever com aquele tom de proximidade que encontramos na carta enviada de Santarém por ocasião do terremoto, e ainda nas trovas que lhe endereçou, queixando-se de ter sido espoliado por almocreves castelhanos, a quem a rainha protegia:

Castelhanos me trouxeram,
E levaram quanto tinha,
Porque Deus e a Rainha
Diz que os favoreceram:
Tão grande golpe me deram
Com favor,
Que no conteie mis quejas
Si à vos no.

Será el-Rei a ordenar a publicação das obras completas do fiel trovador, respeitando-se escrupulosamente o texto — felizmente para a história da cultura portuguesa, pois na 28ª. edição já a censura inquisitorial operará abundantes cortes.

O reinado de D. João III desenrola-se sob o signo da valorização do Brasil. O monarca, sobressaltado com as incursões de corsários franceses, decide orientar a sua política no sentido da defesa e colonização sistemáticas das terras de Santa Cruz. Organiza frotas, de envergadura variável, encarregadas de dar luta aos corsários e patrulhar as costas do Brasil. Um dos mais destacados capitães destas armadas é Cristóvão Jacques. Em 1530 é nomeado governador da terra e capitão da frota Martim Afonso de Sousa, que recebe várias incumbências: fixação dos limites, defesa da costa e criação de núcleos de colonização dotados com os meios e estruturas necessários para a sua sobrevivência e desenvolvimento.

Em 1534 é passada a primeira carta de doação: o Brasil entra na era das capitanias, donatárias ou hereditárias, sistema cujo fracasso conduzirá à criação do Governo Geral, em 1549, sendo Tomé de Sousa o seu primeiro titular.

Embarca na tua barca de glória

Porém, a esse tempo já mestre Gil não pertence ao mundo dos vivos. A sua morte verifica-se em fins de 1536 ou princípios de 1537 — termo de uma vida intensa, vivida na atenção constante, lúcida e cheia de humor a quanto o rodeava.

Eis como Ramiro Guedes de Campos imagina o seu advento à *Barca da Glória*:

PARVO
Gili, Gili, Giliorum
Vicentus author authorum
Duma barca à outra anda.
Qui venis de cara à banda?

GIL VICENTE
Que lesto escarnefuchar!
Jesu Cristo em vós me fundo.
Pardeus, até no outro mundo
Me hão de os parvos assoprar?!
Não que não queira embarcar.
Mas em tão má companhia
Vai-se-me fora a alegria.

ANJO
Cal'-te se queres lugar
Di além que queres tu?

GIL VICENTE
Salvanor, não quero nada
Perem por torna tornada
Já que a nau de Berzebu
Cheia está e acaje nu
Me quer o barco segundo,
A vau me vou. Será fundo?

PARVO
Hi, hi, hi, hu, hu, hu, hu!

ANJO
Que fizeste na outra vida
Que te sirva na passagem?

GIL VICENTE
Nada que faça vantagem
Por contagem merecida.
Trouxe a cabeça perdida
Num trovar, a modos novo.
Fiz com as falas do povo
Uma comédia seguida.
O riso não salva a gente.

ANJO
Que leva o saco?

GIL VICENTE
Papel.
Alagaria o batel
Se o abrisses de repente.
Aitos são que de presente
Fiz a el-Rei D. João de nome.

ANJO
Pagou-tos?

GIL VICENTE
Pardeus, com fome!

ANJO
O teu nome?

GIL VICENTE
Gil Vicente.

ANJO
Pela vida transitória

Trespassa o claror da fé
Se o riso vai em maré
A Deus por suma vitória.
Memória, ao mundo memória

Desta barca refulgente!
Entra. Embarca Gil Vicente
Na tua barca da Glória!

М

Breve Cronologia

1465 (?)
Data provável do nascimento de Gil Vicente, não se sabendo o local, sendo Guimarães o mais plausível.
1502
Escreve e representa a sua primeira peça, o *Monólogo da visitação*.
1509
D. Manuel nomeia Gil Vicente, ourives da rainha D. Leonor (viúva de D. João II), para o lugar de vedor das obras lavradas em ouro e prata (com destino ao Convento de Tomar, ao Hospital de Lisboa e ao Mosteiro de Belém.)
1512
21 de dezembro – Gil Vicente é eleito representante dos ourives na Casa dos Vinte e Quatro.
1513
4 de fevereiro – D. Manuel o nomeia oficialmente mestre da balança da Casa da Moeda de Lisboa. No documento da nomeação, mão contemporânea escreveu: Gil Vicente trovador mestre da balança.
1513
6 de outubro – Gil Vicente é procurador dos mesteres.
1515
21 de setembro – D. Manuel lhe concede 20.000 réis como subsídio para o casamento de uma irmã, Filipa Borges. O recibo desse donativo começa pelas palavras: "Gil Vicente mestre da balança".
1516
D. Manuel pede aos vereadores de Lisboa que examinem um

requerimento que certas corporações lhe enviaram por intermédio de Gil Vicente.

1517

A folha de pagamento de Gil Vicente na Casa da Moeda indica que ele deixara o cargo no princípio do ano.

1517

7 de abril – D. Manuel declara em testamento que deixa ao mosteiro de Nossa Senhora de Belém a custódia e a cruz grande que estão no tesouro real, ambas feitas por Gil Vicente.

1517

6 de agosto – Uma carta real confirma que Gil Vicente vendeu seu ofício de mestre de balança.

1520

Novembro e dezembro – Gil Vicente é incumbido de organizar os autos, representações e folias para as festas de recepção da terceira mulher de D. Manuel, D. Leonor, irmã de Carlos V.

1525 e 1526

Recebe pensões e mercês.

1535

Belchior Vicente concede a seu pai 8.000 réis de "vestiaria".

1536

Gil Vicente escreve sua última peça, *Floresta de enganos*.

1537

21 de janeiro – D. João III dá a Belchior Vicente o ofício de "escrivão segundo da feitoria da Mina", o que é interpretado como um modo de ajudar a família do Poeta, que teria morrido recentemente.

1540

Um documento de 16 de abril mostra que Gil Vicente já estava morto.

1562

Imprime-se a *Copilaçám de todas as obras de Gil Vicente*, em Lisboa, em casa de João Alvares, impressor d'el-Rei, com licença da Inquisição.

Sumário

Estudo crítico 11

O VELHO DA HORTA

Introdução 23
O velho da horta 27

FARSA DE "QUEM TEM FARELOS"

Introdução 63
Farsa de "Quem tem farelos" 69

FARSA CHAMADA "AUTO DA ÍNDIA"

Farsa chamada "Auto da Índia" 99

Dados biográficos 127
Breve cronologia 139

Os Objetivos, a Filosofia e a Missão da Editora Martin Claret

O principal Objetivo da MARTIN CLARET é continuar a desenvolver uma grande e poderosa empresa editorial brasileira, para melhor servir a seus leitores.

A Filosofia de trabalho da MARTIN CLARET consiste em criar, inovar, produzir e distribuir, sinergicamente, livros da melhor qualidade editorial e gráfica, para o maior número de leitores e por um preço economicamente acessível.

A Missão da MARTIN CLARET é conscientizar e motivar as pessoas a desenvolver e utilizar o seu pleno potencial espiritual, mental, emocional e social.

A MARTIN CLARET está empenhada em contribuir para a difusão da educação e da cultura, por meio da democratização do livro, usando todos os canais ortodoxos e heterodoxos de comercialização.

A MARTIN CLARET, em sua missão empresarial, acredita na verdadeira função do livro: o livro muda as pessoas.

A MARTIN CLARET, em sua vocação educacional, deseja, por meio do livro, claretizar, otimizar e iluminar a vida das pessoas.

Revolucione-se: leia mais para ser mais!

MARTIN CLARET

Relação dos Volumes Publicados

1. **Dom Casmurro**
   Machado de Assis
2. **O Príncipe**
   Maquiavel
3. **Mensagem**
   Fernando Pessoa
4. **O Lobo do Mar**
   Jack London
5. **A Arte da Prudência**
   Baltasar Gracián
6. **Iracema / Cinco Minutos**
   José de Alencar
7. **Inocência**
   Visconde de Taunay
8. **A Mulher de 30 Anos**
   Honoré de Balzac
9. **A Moreninha**
   Joaquim Manuel de Macedo
10. **A Escrava Isaura**
    Bernardo Guimarães
11. **As Viagens - "Il Milione"**
    Marco Polo
12. **O Retrato de Dorian Gray**
    Oscar Wilde
13. **A Volta ao Mundo em 80 Dias**
    Júlio Verne
14. **A Carne**
    Júlio Ribeiro
15. **Amor de Perdição**
    Camilo Castelo Branco
16. **Sonetos**
    Luís de Camões
17. **O Guarani**
    José de Alencar
18. **Memórias Póstumas de Brás Cubas**
    Machado de Assis
19. **Lira dos Vinte Anos**
    Álvares de Azevedo
20. **Apologia de Sócrates / Banquete**
    Platão
21. **A Metamorfose/Um Artista da Fome/Carta a Meu Pai**
    Franz Kafka
22. **Assim Falou Zaratustra**
    Friedrich Nietzsche
23. **Triste Fim de Policarpo Quaresma**
    Lima Barreto
24. **A Ilustre Casa de Ramires**
    Eça de Queirós
25. **Memórias de um Sargento de Milícias**
    Manuel Antônio de Almeida
26. **Robinson Crusoé**
    Daniel Defoe
27. **Espumas Flutuantes**
    Castro Alves
28. **O Ateneu**
    Raul Pompéia
29. **O Noviço / O Juiz de Paz da Roça / Quem Casa Quer Casa**
    Martins Pena
30. **A Relíquia**
    Eça de Queirós
31. **O Jogador**
    Dostoiévski
32. **Histórias Extraordinárias**
    Edgar Allan Poe
33. **Os Lusíadas**
    Luís de Camões
34. **As Aventuras de Tom Sawyer**
    Mark Twain
35. **Bola de Sebo e Outros Contos**
    Guy de Maupassant
36. **A República**
    Platão
37. **Elogio da Loucura**
    Erasmo de Rotterdam
38. **Caninos Brancos**
    Jack London
39. **Hamlet**
    William Shakespeare
40. **A Utopia**
    Thomas More
41. **O Processo**
    Franz Kafka
42. **O Médico e o Monstro**
    Robert Louis Stevenson
43. **Ecce Homo**
    Friedrich Nietzsche
44. **O Manifesto do Partido Comunista**
    Marx e Engels
45. **Discurso do Método / Meditações**
    René Descartes
46. **Do Contrato Social**
    Jean-Jacques Rousseau
47. **A Luta pelo Direito**
    Rudolf von Ihering
48. **Dos Delitos e das Penas**
    Cesare Beccaria
49. **A Ética Protestante e o Espírito do Capitalismo**
    Max Weber
50. **O Anticristo**
    Friedrich Nietzsche
51. **Os Sofrimentos do Jovem Werther**
    Goethe
52. **As Flores do Mal**
    Charles Baudelaire
53. **Ética a Nicômaco**
    Aristóteles
54. **A Arte da Guerra**
    Sun Tzu
55. **Imitação de Cristo**
    Tomás de Kempis
56. **Cândido ou o Otimismo**
    Voltaire
57. **Rei Lear**
    William Shakespeare
58. **Frankenstein**
    Mary Shelley
59. **Quincas Borba**
    Machado de Assis
60. **Fedro**
    Platão
61. **Política**
    Aristóteles
62. **A Viuvinha / Encarnação**
    José de Alencar
63. **As Regras do Método Sociológico**
    Émile Durkheim
64. **O Cão dos Baskervilles**
    Sir Arthur Conan Doyle
65. **Contos Escolhidos**
    Machado de Assis
66. **Da Morte / Metafísica do Amor / Do Sofrimento do Mundo**
    Arthur Schopenhauer
67. **As Minas do Rei Salomão**
    Henry Rider Haggard
68. **Manuscritos Econômico-Filosóficos**
    Karl Marx
69. **Um Estudo em Vermelho**
    Sir Arthur Conan Doyle
70. **Meditações**
    Marco Aurélio
71. **A Vida das Abelhas**
    Maurice Materlinck
72. **O Cortiço**
    Aluísio Azevedo
73. **Senhora**
    José de Alencar
74. **Brás, Bexiga e Barra Funda / Laranja da China**
    Antônio de Alcântara Machado
75. **Eugênia Grandet**
    Honoré de Balzac
76. **Contos Gauchescos**
    João Simões Lopes Neto
77. **Esaú e Jacó**
    Machado de Assis
78. **O Desespero Humano**
    Sören Kierkegaard
79. **Dos Deveres**
    Cícero
80. **Ciência e Política**
    Max Weber
81. **Satíricon**
    Petrônio
82. **Eu e Outras Poesias**
    Augusto dos Anjos
83. **Farsa de Inês Pereira / Auto da Barca do Inferno / Auto da Alma**
    Gil Vicente
84. **A Desobediência Civil e Outros Escritos**
    Henry David Toreau
85. **Para Além do Bem e do Mal**
    Friedrich Nietzsche
86. **A Ilha do Tesouro**
    R. Louis Stevenson
87. **Marília de Dirceu**
    Tomás A. Gonzaga
88. **As Aventuras de Pinóquio**
    Carlo Collodi
89. **Segundo Tratado Sobre o Governo**
    John Locke
90. **Amor de Salvação**
    Camilo Castelo Branco
91. **Broquéis/Faróis/Últimos Sonetos**
    Cruz e Souza
92. **I-Juca-Pirama / Os Timbiras / Outros Poemas**
    Gonçalves Dias
93. **Romeu e Julieta**
    William Shakespeare
94. **A Capital Federal**
    Arthur Azevedo
95. **Diário de um Sedutor**
    Sören Kierkegaard
96. **Carta de Pero Vaz de Caminha a El-Rei Sobre o Achamento do Brasil**
97. **Casa de Pensão**
    Aluísio Azevedo
98. **Macbeth**
    William Shakespeare

99. **ÉDIPO REI/ANTÍGONA**
    Sófocles

100. **LUCÍOLA**
     José de Alencar

101. **AS AVENTURAS DE SHERLOCK HOLMES**
     Sir Arthur Conan Doyle

102. **BOM-CRIOULO**
     Adolfo Caminha

103. **HELENA**
     Machado de Assis

104. **POEMAS SATÍRICOS**
     Gregório de Matos

105. **ESCRITOS POLÍTICOS / A ARTE DA GUERRA**
     Maquiavel

106. **UBIRAJARA**
     José de Alencar

107. **DIVA**
     José de Alencar

108. **EURICO, O PRESBÍTERO**
     Alexandre Herculano

109. **OS MELHORES CONTOS**
     Lima Barreto

110. **A LUNETA MÁGICA**
     Joaquim Manuel de Macedo

111. **FUNDAMENTAÇÃO DA METAFÍSICA DOS COSTUMES E OUTROS ESCRITOS**
     Immanuel Kant

112. **O PRÍNCIPE E O MENDIGO**
     Mark Twain

113. **O DOMÍNIO DE SI MESMO PELA AUTO-SUGESTÃO CONSCIENTE**
     Émile Coué

114. **O MULATO**
     Aluísio Azevedo

115. **SONETOS**
     Florbela Espanca

116. **UMA ESTADIA NO INFERNO / POEMAS / CARTA DO VIDENTE**
     Arthur Rimbaud

117. **VÁRIAS HISTÓRIAS**
     Machado de Assis

118. **FÉDON**
     Platão

119. **POESIAS**
     Olavo Bilac

120. **A CONDUTA PARA A VIDA**
     Ralph Waldo Emerson

121. **O LIVRO VERMELHO**
     Mao Tsé-Tung

122. **ORAÇÃO AOS MOÇOS**
     Rui Barbosa

123. **OTELO, O MOURO DE VENEZA**
     William Shakespeare

124. **ENSAIOS**
     Ralph Waldo Emerson

125. **DE PROFUNDIS / BALADA DO CÁRCERE DE READING**
     Oscar Wilde

126. **CRÍTICA DA RAZÃO PRÁTICA**
     Immanuel Kant

127. **A ARTE DE AMAR**
     Ovídio Naso

128. **O TARTUFO OU O IMPOSTOR**
     Molière

129. **METAMORFOSES**
     Ovídio Naso

130. **A GAIA CIÊNCIA**
     Friedrich Nietzsche

131. **O DOENTE IMAGINÁRIO**
     Molière

132. **UMA LÁGRIMA DE MULHER**
     Aluísio Azevedo

133. **O ÚLTIMO ADEUS DE SHERLOCK HOLMES**
     Sir Arthur Conan Doyle

134. **CANUDOS - DIÁRIO DE UMA EXPEDIÇÃO**
     Euclides da Cunha

135. **A DOUTRINA DE BUDA**
     Siddharta Gautama

136. **TAO TE CHING**
     Lao-Tsé

137. **DA MONARQUIA / VIDA NOVA**
     Dante Alighieri

138. **A BRASILEIRA DE PRAZINS**
     Camilo Castelo Branco

139. **O VELHO DA HORTA/QUEM TEM FARELOS?/AUTO DA ÍNDIA**
     Gil Vicente

140. **O SEMINARISTA**
     Bernardo Guimarães

141. **O ALIENISTA / CASA VELHA**
     Machado de Assis

142. **SONETOS**
     Manuel du Bocage

143. **O MANDARIM**
     Eça de Queirós

144. **NOITE NA TAVERNA / MACÁRIO**
     Álvares de Azevedo

145. **VIAGENS NA MINHA TERRA**
     Almeida Garrett

146. **SERMÕES ESCOLHIDOS**
     Padre Antonio Vieira

147. **OS ESCRAVOS**
     Castro Alves

148. **O DEMÔNIO FAMILIAR**
     José de Alencar

149. **A MANDRÁGORA / BELFAGOR, O ARQUIDIABO**
     Maquiavel

150. **O HOMEM**
     Aluísio Azevedo

151. **ARTE POÉTICA**
     Aristóteles

152. **A MEGERA DOMADA**
     William Shakespeare

153. **ALCESTE/ELECTRA/HIPÓLITO**
     Eurípedes

154. **O SERMÃO DA MONTANHA**
     Huberto Rohden

155. **O CABELEIRA**
     Franklin Távora

156. **RUBÁIYÁT**
     Omar Khayyám

157. **LUZIA-HOMEM**
     Domingos Olímpio

158. **A CIDADE E AS SERRAS**
     Eça de Queirós

159. **A RETIRADA DA LAGUNA**
     Visconde de Taunay

160. **A VIAGEM AO CENTRO DA TERRA**
     Júlio Verne

161. **CARAMURU**
     Frei Santa Rita Durão

162. **CLARA DOS ANJOS**
     Lima Barreto

163. **MEMORIAL DE AIRES**
     Machado de Assis

164. **BHAGAVAD GITA**
     Krishna

165. **O PROFETA**
     Khalil Gibran

166. **AFORISMOS**
     Hipócrates

167. **KAMA SUTRA**
     Vatsyayana

168. **O LIVRO DA JÂNGAL**
     Rudyard Kipling

169. **DE ALMA PARA ALMA**
     Huberto Rohden

170. **ORAÇÕES**
     Cícero

171. **SABEDORIA DAS PARÁBOLAS**
     Huberto Rohden

172. **SALOMÉ**
     Oscar Wilde

173. **DO CIDADÃO**
     Thomas Hobbes

174. **PORQUE SOFREMOS**
     Huberto Rohden

175. **EINSTEIN: O ENIGMA DO UNIVERSO**
     Huberto Rohden

176. **A MENSAGEM VIVA DO CRISTO**
     Huberto Rohden

177. **MAHATMA GANDHI**
     Huberto Rohden

178. **A CIDADE DO SOL**
     Tommaso Campanella

179. **SETAS PARA O INFINITO**
     Huberto Rohden

180. **A VOZ DO SILÊNCIO**
     Helena Blavatsky

181. **FREI LUÍS DE SOUSA**
     Almeida Garrett

182. **FÁBULAS**
     Esopo

183. **CÂNTICO DE NATAL/ OS CARRILHÕES**
     Charles Dickens

184. **CONTOS**
     Eça de Queirós

185. **O PAI GORIOT**
     Honoré de Balzac

186. **NOITES BRANCAS E OUTRAS HISTÓRIAS**
     Dostoiévski

187. **MINHA FORMAÇÃO**
     Joaquim Nabuco

188. **PRAGMATISMO**
     William James

189. **DISCURSOS FORENSES**
     Enrico Ferri

190. **MEDÉIA**
     Eurípedes

191. **DISCURSOS DE ACUSAÇÃO**
     Enrico Ferri

192. **A IDEOLOGIA ALEMÃ**
     Marx & Engels

193. **PROMETEU ACORRENTADO**
     Ésquilo

194. **IAIÁ GARCIA**
     Machado de Assis

195. **DISCURSOS NO INSTITUTO DOS ADVOGADOS BRASILEIROS / DISCURSO NO COLÉGIO ANCHIETA**
     Rui Barbosa

196. **ÉDIPO EM COLONO**
     Sófocles

197. **A ARTE DE CURAR PELO ESPÍRITO**
     Joel S. Goldsmith

198. **JESUS, O FILHO DO HOMEM**
     Khalil Gibran

199. **DISCURSO SOBRE A ORIGEM E OS FUNDAMENTOS DA DESIGUALDADE ENTRE OS HOMENS**
     Jean-Jacques Rousseau

200. **Fábulas**
La Fontaine
201. **O Sonho de uma Noite de Verão**
William Shakespeare
202. **Maquiavel, o Poder**
José Nivaldo Junior
203. **Ressurreição**
Machado de Assis
204. **O Caminho da Felicidade**
Huberto Rohden
205. **A Velhice do Padre Eterno**
Guerra Junqueiro
206. **O Sertanejo**
José de Alencar
207. **Gitanjali**
Rabindranath Tagore
208. **Senso Comum**
Thomas Paine
209. **Canaã**
Graça Aranha
210. **O Caminho Infinito**
Joel S. Goldsmith
211. **Pensamentos**
Epicuro
212. **A Letra Escarlate**
Nathaniel Hawthorne
213. **Autobiografia**
Benjamin Franklin
214. **Memórias de Sherlock Holmes**
Sir Arthur Conan Doyle
215. **O Dever do Advogado / Posse de Direitos Pessoais**
Rui Barbosa
216. **O Tronco do Ipê**
José de Alencar
217. **O Amante de Lady Chatterley**
D. H. Lawrence
218. **Contos Amazônicos**
Inglês de Souza
219. **A Tempestade**
William Shakespeare
220. **Ondas**
Euclides da Cunha
221. **Educação do Homem Integral**
Huberto Rohden
222. **Novos Rumos para a Educação**
Huberto Rohden
223. **Mulherzinhas**
Louise May Alcott
224. **A Mão e a Luva**
Machado de Assis
225. **A Morte de Ivan Ilicht / Senhores e Servos**
Leon Tolstói
226. **Álcoois e Outros Poemas**
Apollinaire
227. **Pais e Filhos**
Ivan Turguêniev
228. **Alice no País das Maravilhas**
Lewis Carroll
229. **À Margem da História**
Euclides da Cunha
230. **Viagem ao Brasil**
Hans Staden
231. **O Quinto Evangelho**
Tomé
232. **Lorde Jim**
Joseph Conrad
233. **Cartas Chilenas**
Tomás Antônio Gonzaga
234. **Odes Modernas**
Anntero de Quental
235. **Do Cativeiro Babilônico da Igreja**
Martinho Lutero
236. **O Coração das Trevas**
Joseph Conrad
237. **Thais**
Anatole France
238. **Andrômaca / Fedra**
Racine
239. **As Catilinárias**
Cícero
240. **Recordações da Casa dos Mortos**
Dostoiévski
241. **O Mercador de Veneza**
William Shakespeare
242. **A Filha do Capitão / A Dama de Espadas**
Aleksandr Púchkin
243. **Orgulho e Preconceito**
Jane Austen
244. **A Volta do Parafuso**
Henry James
245. **O Gaúcho**
José de Alencar
246. **Tristão e Isolda**
Lenda Medieval Celta de Amor
247. **Poemas Completos de Alberto Caeiro**
Fernando Pessoa
248. **Maiakóvski**
Vida e Poesia
249. **Sonetos**
William Shakespeare
250. **Poesia de Ricardo Reis**
Fernando Pessoa
251. **Papéis Avulsos**
Machado de Assis
252. **Contos Fluminenses**
Machado de Assis
253. **O Bobo**
Alexandre Herculano
254. **A Oração da Coroa**
Demóstenes
255. **O Castelo**
Franz Kafka
256. **O Trovejar do Silêncio**
Joel S. Goldsmith
257. **Alice na Casa dos Espelhos**
Lewis Carrol
258. **Miséria da Filosofia**
Karl Marx
259. **Júlio César**
William Shakespeare
260. **Antônio e Cleópatra**
William Shakespeare
261. **Filosofia da Arte**
Huberto Rohden
262. **A Alma Encantadora das Ruas**
João do Rio
263. **A Normalista**
Adolfo Caminha
264. **Pollyanna**
Eleanor H. Porter
265. **As Pupilas do Senhor Reitor**
Júlio Diniz
266. **As Primaveras**
Casimiro de Abreu
267. **Fundamentos do Direito**
Léon Duguit
268. **Discursos de Metafísica**
G. W. Leibniz
269. **Sociologia e Filosofia**
Émile Durkheim
270. **Cancioneiro**
Fernando Pessoa
271. **A Dama das Camélias**
Alexandre Dumas (filho)
272. **O Divórcio / As Bases da Fé / e Outros Textos**
Rui Barbosa
273. **Pollyanna Moça**
Eleanor H. Porter
274. **O 18 Brumário de Luís Bonaparte**
Karl Marx
275. **Teatro de Machado de Assis**
Antologia
276. **Cartas Persas**
Montesquieu
277. **Em Comunhão com Deus**
Huberto Rohden
278. **Razão e Sensibilidade**
Jane Austen
279. **Crônicas Selecionadas**
Machado de Assis
280. **Histórias da Meia-Noite**
Machado de Assis
281. **Cyrano de Bergerac**
Edmond Rostand
282. **O Maravilhoso Mágico de Oz**
L. Frank Baum
283. **Trocando Olhares**
Florbela Espanca
284. **O Pensamento Filosófico da Antiguidade**
Huberto Rohden
285. **Filosofia Contemporânea**
Huberto Rohden
286. **O Espírito da Filosofia Oriental**
Huberto Rohden
287. **A Pele do Lobo / O Badejo / o Dote**
Artur Azevedo
288. **Os Bruzundangas**
Lima Barreto
289. **A Pata da Gazela**
José de Alencar
290. **O Vale do Terror**
Sir Arthur Conan Doyle
291. **O Signo dos Quatro**
Sir Arthur Conan Doyle
292. **As Máscaras do Destino**
Florbela Espanca
293. **A Confissão de Lúcio**
Mário de Sá-Carneiro
294. **Falenas**
Machado de Assis
295. **O Uraguai / A Declamação Trágica**
Basílio da Gama
296. **Crisálidas**
Machado de Assis
297. **Americanas**
Machado de Assis
298. **A Carteira de Meu Tio**
Joaquim Manuel de Macedo
299. **Catecismo da Filosofia**
Huberto Rohden
301. **Rumo à Consciência Cósmica**
Huberto Rohden

302. **Cosmoterapia**
 Huberto Rohden

303. **Bodas de Sangue**
 Federico García Lorca

304. **Discurso da Servidão Voluntária**
 Étienne de la Boétie

305. **Categorias**
 Aristóteles

306. **Manon Lescaut**
 Abade Prévost

307. **Teogonia / Trabalhos e Dias**
 Hesíodo

308. **As Vítimas Algozes**
 Joaquim Manuel de Macedo

309. **Persuasão**
 Jane Austen

Série Ouro
(Livros com mais de 400 p.)

1. **Leviatã**
 Thomas Hobbes

2. **A Cidade Antiga**
 Fustel de Coulanges

3. **Crítica da Razão Pura**
 Immanuel Kant

4. **Confissões**
 Santo Agostinho

5. **Os Sertões**
 Euclides da Cunha

6. **Dicionário Filosófico**
 Voltaire

7. **A Divina Comédia**
 Dante Alighieri

8. **Ética Demonstrada à Maneira dos Geômetras**
 Baruch de Spinoza

9. **Do Espírito das Leis**
 Montesquieu

10. **O Primo Basílio**
 Eça de Queirós

11. **O Crime do Padre Amaro**
 Eça de Queirós

12. **Crime e Castigo**
 Dostoiévski

13. **Fausto**
 Goethe

14. **O Suicídio**
 Émile Durkheim

15. **Odisséia**
 Homero

16. **Paraíso Perdido**
 John Milton

17. **Drácula**
 Bram Stocker

18. **Ilíada**
 Homero

19. **As Aventuras de Huckleberry Finn**
 Mark Twain

20. **Paulo – O 13º Apóstolo**
 Ernest Renan

21. **Eneida**
 Virgílio

22. **Pensamentos**
 Blaise Pascal

23. **A Origem das Espécies**
 Charles Darwin

24. **Vida de Jesus**
 Ernest Renan

25. **Moby Dick**
 Herman Melville

26. **Os Irmãos Karamazovi**
 Dostoiévski

27. **O Morro dos Ventos Uivantes**
 Emily Brontë

28. **Vinte Mil Léguas Submarinas**
 Júlio Verne

29. **Madame Bovary**
 Gustave Flaubert

30. **O Vermelho e o Negro**
 Stendhal

31. **Os Trabalhadores do Mar**
 Victor Hugo

32. **A Vida dos Doze Césares**
 Suetônio

34. **O Idiota**
 Dostoiévski

35. **Paulo de Tarso**
 Huberto Rohden

36. **O Peregrino**
 John Bunyan

37. **As Profecias**
 Nostradamus

38. **Novo Testamento**
 Huberto Rohden

39. **O Corcunda de Notre Dame**
 Victor Hugo

40. **Arte de Furtar**
 Anônimo do século XVII

41. **Germinal**
 Émile Zola

42. **Folhas de Relva**
 Walt Whitman

43. **Ben-Hur — Uma História dos Tempos de Cristo**
 Lew Wallace

44. **Os Maias**
 Eça de Queirós

45. **O Livro da Mitologia**
 Thomas Bulfinch

46. **Os Três Mosqueteiros**
 Alexandre Dumas

47. **Poesia de Álvaro de Campos**
 Fernando Pessoa

48. **Jesus Nazareno**
 Huberto Rohden

49. **Grandes Esperanças**
 Charles Dickens

50. **A Educação Sentimental**
 Gustave Flaubert

51. **O Conde de Monte Cristo (Volume I)**
 Alexandre Dumas

52. **O Conde de Monte Cristo (Volume II)**
 Alexandre Dumas

53. **Os Miseráveis (Volume I)**
 Victor Hugo

54. **Os Miseráveis (Volume II)**
 Victor Hugo

55. **Dom Quixote de La Mancha (Volume I)**
 Miguel de Cervantes

56. **Dom Quixote de La Mancha (Volume II)**
 Miguel de Cervantes

58. **Contos Escolhidos**
 Artur Azevedo

59. **As Aventuras de Robin Hood**
 Howard Pyle